首都经济贸易大学出版资助
2021年北京高等教育"本科教学改革创新项目"出版资助

思想政治教育研究文库

主体间性视阈下
高校思想政治教育创新研究

王颖 金子鑫 著

光明日报出版社

图书在版编目（CIP）数据

主体间性视阈下高校思想政治教育创新研究 / 王颖，金子鑫著. --北京：光明日报出版社，2022.6
ISBN 978-7-5194-6653-4

Ⅰ.①主… Ⅱ.①王… ②金… Ⅲ.①高等学校—思想政治教育—研究—中国 Ⅳ.①G641

中国版本图书馆 CIP 数据核字（2022）第 095096 号

主体间性视阈下高校思想政治教育创新研究
ZHUTI JIANXING SHIYU XIA GAOXIAO SIXIANG ZHENGZHI JIAOYU CHUANGXIN YANJIU

著　　者：王　颖　金子鑫	
责任编辑：李壬杰	责任校对：张月月
封面设计：中联华文	责任印制：曹　净

出版发行：光明日报出版社
地　　址：北京市西城区永安路 106 号，100050
电　　话：010-63169890（咨询），010-63131930（邮购）
传　　真：010-63131930
网　　址：http://book.gmw.cn
E - mail：gmrbcbs@gmw.cn
法律顾问：北京市兰台律师事务所龚柳方律师
印　　刷：三河市华东印刷有限公司
装　　订：三河市华东印刷有限公司
本书如有破损、缺页、装订错误，请与本社联系调换，电话：010-63131930
开　　本：170mm×240mm
字　　数：130 千字　　　　印　张：10.5
版　　次：2022 年 6 月第 1 版　　印　次：2022 年 6 月第 1 次印刷
书　　号：ISBN 978-7-5194-6653-4
定　　价：85.00 元

版权所有　　翻印必究

序

我们党历来高度重视高校思想政治教育方法，从早期毛泽东"桥"和"船"的著名论断到《关于正确处理人民内部矛盾的问题》，再到《在扩大的中央工作会议上的讲话》，探索形成了实践论、发展论等一系列基本方针原则和工作遵循。在信息时代，思想政治教育的环境、条件、对象发生了很大变化，尤其是当代青年的成长深受全球化、信息化和社会转型的影响。同时必须看到，青年学生的世界观、人生观和价值观仍处在塑造期，心理尚未成熟，更需要正确引导。"加强和改进新形势下高校思想政治工作，事关我国高等教育的发展方向，事关我国高校肩负的重要使命，事关党的思想政治工作的特色与优势。"[①] 而且，"00后"大学生自出生起就是备受关注的一代，他们在相对更加民主的家庭氛围中成长，社交和审美观念有明显的特质：更加追求个性化、标签化显著、自我表达强烈、兴趣多元化、UGC（user generated content，用户原创内容）属性强。"00后"大学生已不仅仅是互联网的"原住民"，更是自媒体一代、网络消费一族。特别要注意到，"00后"大学生还是有史以来规模最庞大的独生子女群体、留守儿童群体，他们的利

[①] 黄蓉生. 高校思想政治工作改革创新的"三因"要求论析 [EB/OL]. 教育部高校辅导员培训和研修基地，2017-12-11.

益诉求、心理特点需要得到更为专业的分析和更加妥当的回应，否则可能引发校园危机事件。

在新的发展时期，高校思想政治教育要关注如何紧跟时代不断前进；如何有的放矢，满足大学生的个性化和差异化需要；如何引领社会思潮，提升思想政治教育的亲和力和针对性；如何把握最佳沟通时机走进大学生的内心深处，洞察其思想困惑，引发其情感共鸣。思想政治教育者就有必要对不断变化中的"事"，即思想政治教育的环境与对象，以及需要与时俱进的"化"，即思想政治教育的方法，进行再审视。

主体间性高校思想政治教育范式就是对传统主体性高校思想政治教育范式的扬弃与重构。"主体间性"的概念最早是由现象学大师胡塞尔提出的。胡塞尔从认识论的角度把"主体间性"看成是"自我"与"他我"的沟通，是一种认识上的"共同性"或"共通性"。海德格尔则从本体论角度延续并发展了主体间性理论，他认为，"主体间性的根据在于生存本身，我与他人的共同存在以及我与他人对同一客观对象的认同，是自我主体与对象主体间的交往、对话"（《存在与时间》）。从哈贝马斯的交往行动理论看，主体间性是指"在互动参与者就世界中的事物达成沟通的人际交往中，能够从他人的视角与作为互动参与者的自我建立联系并形成精神沟通的过程"（《交往行动理论》）。主体间性理论超越"主—客"二元思维，倡导单一系统中主体间的共生性、整体性与和谐性，具有平等性、交往性、生活性的特征。这种思想在高校思想政治教育中的价值在于：将教育者与受教育者共同视为思想政治教育的主体，这两个主体在思想政治教育中互相影响、相互渗透、相互作用，从而体现思想政治教育主体间多向互动的特性。

主体间性理论在高校思想政治教育中的应用，可以有效地推动思想政治教育者的角色定位和思维转变，实现教育者与受教育者主体间的交互实践、有效沟通，进而直面多元的思潮流变、多样的群体迭代、多变的社会境遇，引领师生完成对中国社会主流意识形态的建构，促使其实现从外部认知到内在认同、从情感接受到学理坚信、从客体教育到主体自觉等一系列转化。因此，无论是从摆脱传统主体性高校思想政治教育困境的需要出发，还是从贯彻落实中央和教育部关于加强宣传思想工作的部署出发，实现高校思想政治教育主体间性转向都有其必要性。

本书用主体间性理论来检视和融入高校思想政治教育的理论研究和实践运用，一方面为高校思想政治教育的创新提供了新的研究视角，实现"以人为本"的现代教育理念；另一方面，紧密结合"00后"大学生思想动态，为高校开展思想政治教育提供卓有实效的路径支撑，形成思想政治教育主体间性理论体系到工作体系、实践路径的有机转换。实现以理论指导实践、用实践丰富理论的螺旋式上升，正是本书试图探究的与以往研究不同的学术价值与应用价值，是为序。

目 录
CONTENTS

第一章 引　言 …………………………………………………………… 1

第二章 源起与内构：高校思想政治教育主体间性转圜 ………… 13
 第一节 主体间性的哲学解读 ……………………………………… 13
 第二节 主体间性高校思想政治教育的内构 ……………………… 32

第三章 必要与可行：主体间性高校思想政治教育发展审视 …… 36
 第一节 新时代高校思想政治教育的机遇和挑战 ………………… 36
 第二节 高校思想政治教育的青年受众研究 ……………………… 47
 第三节 高校思想政治教育的现实问题探赜 ……………………… 53
 第四节 主体间性理论引入高校思想政治教育的可行性和必要性 … 58

第四章 发展与创新：构筑高校思想政治教育的主体间性范式 … 65
 第一节 主体间性视阈下高校思想政治教育的理念原则 ………… 65
 第二节 主体间性视阈下高校思想政治教育的系统优化 ………… 72

第三节　主体间性视阈下高校思想政治教育的路径创新……… 86

第五章　范例与参考：主体间性视阈下高校思想政治理论课实践教学……………………………………………………… 95
   第一节　高校思想政治理论课实践教学的现状及成因……… 96
   第二节　国外德育教育经验与我国青年思想行为分析……… 107
   第三节　高校思想政治教育理论课实践教学改革研究……… 114
   第四节　高校思想政治教育理论课实践教学活动实例……… 140

参考文献……………………………………………………………… 148

第一章

引 言

一、关于主体间性

（一）主体间性的界定

主体间性，这一概念最先由现象学大师埃德蒙德·胡塞尔（Edmund Husserl）在他的《笛卡尔式的沉思》中提出，他认为："内在的第一存在，先于并且包含世界上的每一种客观性的存在，就是先验的主体间性，即以各种形式进行交流的单子的宇宙。"① 胡塞尔的主体间性是先验的主体间性，是认识主体之间的关系，并没有涉及认识主体与对象世界的关系。德国哲学家马丁·海德格尔（Martin Heidegger）从本体论的角度继承和发展了主体间性，虽有很大进步，但仍局限于"此在"的范围，没有进入存在本身。宗教学家马丁·布伯（Martin Buber）在《我和你》一书中肯定"我—你"主体间关系的本真性，阐述了一种真正的交谈性的主体间性关系。可惜的是，由于在肯定主体间关系的同时彻底否定主客体关系，最终失去了实践基础。汉斯-格奥尔格·伽达默尔（Hans-Georg Gadamer）主要从历史、传统和语言等方面阐释了

---

① 埃德蒙德·胡塞尔. 笛卡尔式的沉思 [M]. 张廷国, 译. 北京: 中国城市出版社, 2002: 156.

人的存在方式，解释了人与世界的存在论关系。他指出任何人都生存在一定的视界中，对话者的对话本身就是主体双方的"视界融合"。德国哲学家于尔根·哈贝马斯（Jürgen Habermas）则以主体间性问题为基础构建了交往行动理论。"个人作为一个特殊的语言共同体的成员……唯有融入一个主体间共有的生活世界，才能成为有语言和行为能力的主体……通过日常语言的同一媒介，社会化的主体间性也显现出来。"[①]纵观主体间性的发展，主体间性哲学涉及多学科、多领域、多视角，是一个不断丰富与发展的过程，具有重要的理论与实践意义。

简而言之，主体间性既是对主体性的继承与发展，又是对主体性哲学的辩证批判。究其本质而言，主体间性就是交互主体性，它以个人主体性为基础，承认双主体或多主体的存在，追求主体之间、主体与客体之间的相关性、统一性、调节性，是主体与主体在交往活动中基于真诚性与真挚性原则所表现出来的共同主体性以及和谐一致性。

（二）主体间性的思想

主体间性作为哲学领域凸显的一个重要概念，一直深受国内外学者的关注。众多学者分别从不同的学术领域对主体间性的核心内涵和基本思想进行了阐述。但是，在众多的学术探究中并没有形成统一的、系统性的主体间性哲学思想，这就为我们进一步探究和明确主体间性的基本思想提供了可能，也使得详细阐述主体间性的基本思想成为必要。

通过对相关文献系统梳理和总结，笔者认为主体间性的基本思想大致包含三个方面：首先，主体间性是建构在主体性哲学基础上的哲学。主体间性是主体性在主体间的延伸，它否认单个主体，承认双主体或多主体，寻求主体之间、主体与客体之间的共同存在。"主体—主体"的关系以"主体—客体"的关系为背景，主体作为复数存在于"主体—

---

① 哈贝马斯. 交往行动理论 [M]. 洪佩郁，蔺青，译. 重庆：重庆出版社，1994：38.

客体"的模式之中。与此同时，主体与主体在改造客体过程中建立联系，双方共同作用于客体，"主体—主体"的关系包含着微观的"主体—客体"的关系。其次，主体间性是建构在民主平等条件下的双向互动与沟通。主体间性承认主体的"和而不同"，强调各主体间的协调与合作，要求主体之间能够在保持自身独立与平等的基础上建立良性互动的沟通机制，以达到对彼此的尊重与认同。在这种"主体—主体"的关系中，双方共同分享着经验，共同致力于对客体能动性的实践的过程，改变了传统"主体—客体"关系中主体"一言堂"的尴尬境地，从而营造一种民主平等的交流环境。最后，主体间性是建构在合作共赢模式下的和谐与共融。在"主体—主体"关系中，双方基于对客体的共同理解而达成共识，基于彼此的交往而实现个人自由而全面的发展。主体间性不仅存在各种各样的共同主体，也存在与之相对应的共同客体，只有以共同主体面对共同客体，共同解决人类社会发展所面临的问题，才能实现主体之间、主体与客体之间、人类社会与自然环境之间的和谐，才能构建合作共融的和谐社会。

(三)"主体间性"与"主体性"之比较

1. "主本间性"与"主体性"的区别

要科学探究主体间性的哲学内涵，仅仅从主体间性的概念本身来探析是远远不够的，还需要借助主体性的相关概念来对其进一步丰富和完善。"主体间性"与"主体性"的区别具体表现在：第一，核心思想不同。主体间性生成于交往实践之中，个体主体性的发挥必须以尊重和理解他人主体性为前提，双方在交往活动中表现出理解与包容，并在合作中实现主体共荣。主体间性追求主体之间在语言和行动中的双向互动、相互平等、相互理解与融合，是一种区别于"主客二分"的互动交往模式。而主体性则不同，主体性只承认自我个体的存在，其他一切外界事物仅为实现个体价值而存在，个体自我意识的过程也就是对自己和对外部世界及二者关系进行思考的过程，个体在这一过程中认识自己并发展自己，以期实现个人整合，因而也是一个不断满足自我欲求、唯我独尊的过程。第二，思维逻辑不同。主体间性以"交往理性"为指导，其思维逻辑包含两个方面的内容：一方面，个体虽仍以个人主体性为基础，但它不再单纯地把自身视为主体，而是意识到其他个人主体性的存在，并寻求在相互理解与包容中构建"主体—主体"的关系；另一方面，主体也不再是单一的个体，而是由两个或多个个体组成的综合体，他们共同把外部环境视为客体并共同作用于其中，以期实现"主体—客体"的和谐。而主体性则以"工具理性"为指导，体现一种物的逻辑。主体性只承认个人主体性的存在，把外界全部视为客体，这就导致了其他主体在个体主体中的物化，从而使得其他主体成为个体主体中的客体，最终形成"主客二分"的思维逻辑。第三，表现方式不同。主体间性所蕴含的交互主体性特征使得该哲学思想在社会化过程中表现为主体之间的相互平等，任何一方都不得以损害对方为前提，双方处于彼此协商与合作包容之中。同时，双方基于真实性和有效性的原则展开合作，并就彼此之间的纠偏与矛盾展开沟通与交流，从而达到彼此之间的利益均衡与合作共赢。而主体性则以满足个体最大化的利益为原则，在社会化的过程中表现为自我张扬所带来的"独白式"的唯我独尊，它并不考虑其他个体的主体性，而是沉浸在自我主体性之中完成对客体的改造，因而凸显主动、自我、自强甚至是自私的特征。

2."主体间性"与"主体性"的联系

"主体间性"与"主体性"的联系具体表现在：主体间性是主体间的内在相关性，它必须以个人主体性为基础，没有个人主体性，也就无所谓主体间性，离开主体性的主体间性会因缺乏理论基础而变成"空中楼阁"；同时，主体间性既是对主体性的继承与发展，又是对主体性的辩证批判。脱离主体间性的主体性往往失去合理发挥的尺度而极易出现"过犹不及"的现象,这在以往的相关文献论述中已经得到论证。因此,主体间性与主体性并不是两个相互独立或对立的概念或理论,而是相辅相成、辩证统一的。科学地探究主体间性哲学思想可以更好地弥补主体性哲学思想所体现出来的理论局限,推动人与人、人与社会的和谐健康发展。

二、关于高校思想政治教育

思想政治教育本质是一种社会化的交往活动,它的特征体现在理论说服性、价值引导性,其目的在于教育者通过理论化的说服和引导、社会化的交流与实践,潜移默化地将意识形态理念转化为受教育者的价值观念。在这一过程中,既有教育主体之间的交流与互动,又有教育主体之间的冲突与矛盾,而要成功地将外在的价值理念内化为受教育者的行为习惯成为高校思想政治教育的关键。

(一)思想政治教育的特征

1. 意识形态性

"所谓思想政治教育的意识形态性,是指它的政治性、阶级性,也就是说它明确地属于一个阶级,并为这个阶级的根本利益服务,其作用在于维护一个特定社会的统治阶级的统治。"[1] 在我国,思想政治教育并不等同于公民教育或美德教育,而是为维护国家利益而进行的意识形态教育。我国思想政治教育在倡导和传达社会价值观方面具有明确的政治价值取向和民族文化特色,这就要求思想政治教育工作者在处理受教育者的利益诉求方面必须具备强烈的意识形态性。唯有如此,才能保证

---

[1] 石书臣,论思想政治教育中意识形态性与非意识形态性的统一[J].探索,2003(3):81-83.

思想政治教育为意识形态建设服务，才能构建国家意识形态下的思想品德和价值观念体系。

2. 辩证说服性

思想政治教育是马克思主义理论指导下的说服性教育，是马克思主义中国化同当代中国具体实际相结合的产物。这就意味着思想政治教育在传播过程中必须坚持马克思主义理论的基本原则；在互动过程中必须切合社会实际，做到有理有据；在教学过程中必须坚持理论与实践、内容与逻辑相结合的原则。唯有如此，思想政治教育的辩证说服性才能得到有效发挥，思想政治教育的真理性才能经得起社会实践的考验，思想政治教育的思想才能被受教育者接受和认可。总之，思想政治教育话语权必须在辩证说服中获得，也只能在辩证说服中获得。

3. 与时俱进性

思想政治教育是以实现人的自由而全面发展为目的的教育，是衡量我国社会主义精神文明建设成果的重要指标。这就意味着思想政治教育必须始终坚持以人为中心，必须始终保持话语的时代性、主题性、主导性和先进性。唯有如此，思想政治教育才能代表着中国先进文化的发展方向，才能切实地走入受教育者的现实生活，才能引起教育者与受教育者在思想上与情感上的共鸣，最终实现思想政治教育的时效性。因此，思想政治教育必须因时、因事、因人而异，必须与时代的发展相协调、相一致。

(二) 思想政治教育的功能

1. 思想传输功能

思想政治教育通过交往建构起教育主体之间的信息流通机制。教育者通过说服、吸引和感召等非强制的话语方式增进话语双方的理解和认同，从而潜移默化地将国家所倡导的思想观念和道德规范传输给受教育者，并内化为受教育者自我的思想信仰。同时，非强制性话语权的掌握能增强语言的感召力和渗透力，强化教育者在思想政治教育中的人格魅力。受教育者置身于思想政治教育的感召之下，可以快速、全面、深刻地理解思想政治教育的信息或内容，可以更为积极、主动、乐观地投身于思想政治教育的学习中，从而使受教育者实现自由而全面的发展。因此，思想传输功能的有效发挥直接影响着思想政治教育的感染力和影响力，关系着受教育者对思想政治教育的认可度和接受度，决定着整个思想政治教育事业的未来走向。

2. 行为导向功能

理论传输不是目的，在马克思主义理论的指导下投身于中国特色社会主义建设的实践才是思想政治教育的最终归宿。思想政治教育的行为导向功能不仅体现在将思想政治教育的道德规范和价值判断内化为受教育者的行为习惯，以规范和约束受教育者的社会化行为；更重要的在于培养受教育者的社会责任感和自我创新意识，将受教育者的个人理想与社会理想相结合，引导受教育者确立正确的政治方向，促进受教育者实现个体的政治社会化和创新的科学性，最终推动受教育者积极主动地投身于中国特色社会主义建设的伟大事业中。因此，思想政治教育的行为导向功能注重对受教育者社会实践能力的培养，侧重于激发受教育者的创新潜质，从而使受教育者真正成为中国特色社会主义事业的合格建设者和可靠接班人。

3. 价值塑造功能

思想政治教育本身就是一个循序渐进的价值塑造过程，其目标在于培养自觉担当民族复兴大任的时代新人。具体而言，思想政治教育的价值塑造体现在个人价值塑造和社会价值塑造两个方面。其一，思想政治教育对个人价值的塑造体现在对受教育者世界观、人生观和价值观的正确培养方面。非强制性话语权的掌握可以有效提升受教育者的政治信念和理论素养，提高受教育者的是非辨别能力，增强受教育者的爱国意识，有效抵制西方"普世价值"的渗透。其二，思想政治教育对社会价值的塑造体现在对优秀传统文化的继承以及对当代先进文化的发展方面。思想政治教育价值塑造功能的有效发挥不仅主导着我国社会主义先进文化的发展方向，实现着传统文化与当代文化的有效融合，也决定着我国社会主义文化强国战略的顺利实施。

（三）思想政治教育相关理论

1. 环境论

马克思主义普遍认为，人是环境的产物。思想政治教育环境论指出，思想政治教育环境是一个复杂的环境系统，而且对人思想品德和行为习惯的影响极其复杂，具有多重性与多样性。当下，环境对思想政治教育的影响，尤其是大众传媒环境对现有教育既有传播功能消弭的影响日益突出。因此，促进思想政治教育环境的优化对于思想政治教育来说意义重大。高校既要通过加强主旋律阵地建设，加强对舆论的引导和监督，引导媒体加强自律等来管好网络传播的大环境；又要通过加强校园精神文化环境建设，营造喜闻乐见、鲜活生动的课堂教学环境、课外体验环境、网络互动环境等来优化校园传播的小环境，从而有效拓宽思想政治教育的广度，增强用户黏度。

2. 载体论

思想政治教育载体论认为，教育者运用大众传播载体，潜移默化地对受教育者传输思想政治教育内容，是当代思想政治教育得以开展的重要方式和基本途径。思想政治教育的内容不尽相同，与之相应的大众传播载体也各有特征。因此，必须紧紧围绕思想政治教育内容来选择载体，实现内容与形式的统一；必须正确把握各种载体的形式和特征，正确选择恰当有效的载体；必须不断吸收新观念，增强及时发现、运用新载体的敏感性。当前，随着"融媒体"时代的到来，舆论环境、传播方式、宣传载体、媒体格局都发生了巨大变化。与此同时，思想政治教育工作者可利用的传播方式与载体也日益丰富。思想政治教育载体论启示我们：在思想政治教育传播中，传播者应当提高综合把握和运用多种传播载体的能力。即便是在互联网载体运用中，也并不是将所有的信息简单地放在网上，就可"一网打尽"。什么样的信息适合校园门户网站，什么样的信息适合"官微"推送，是以文本的形式，抑或是以图文的形式，还是以"微视频"的形式，都应该精心地策划，精细地辨析，精准地送达。这样才能根据人们对不同网络载体的信息接收偏好，使信息具有针对性，进而增强思想政治教育有效性的力度。

3. 主体论

人与人之间的相互作用是主体间性存在的前提。思想政治教育主体论指出，教育者和受教育者同时作为思想政治教育的主体，二者之间形成"双主体"的关系。因此，教育传播者与学生之间唯有相互尊重和彼此推动，真正做到与学生之间平等地交流，才能达到思想政治教育的目的。这种高度尊重，表现为教育者对受教育者主体地位的确认，也表现为对受教育者需求和特点的关注与探究，还表现为主体间的平等对话。教育者和受教育者之间虽然有不同的"视界"和"前理解"（又称"前意识"），但这并不会阻碍理解，反而能够不断产生新理解、新真理，意义发现的无穷过程就是通过它实现的。因而，思想政治教育传播者应以朋辈的姿态与学生进行沟通，充分调动教育对象的主观能动性，从曾经单一的说教向对受教育者内心的关注转变；综合运用媒体传播手段，结合现实生活中的生动话语和鲜明事例，平实而真诚、形象而深刻地诠释思想政治内容，吸引学生的兴趣；注重开发隐性教育内容，以潜移默化的形式将思想政治内容融于人文环境以及日常活动中，从而有效强化思想政治教育的深度。

4. 动机论

学习是一个主动形成和发展认知结构的过程，是在内在动机的推动下，学习者主动对新知识加以选择、转换、储存的过程，而内在动机又是与"兴趣"直接相关的。没有兴趣的取向，就不会有动机的指向。当下大学生的分众化非常明显。他们追求自由、自主、个性，对不同信息的敏感度和关注度也有很大不同。因此，思想政治教育者要把握受教育者的心理特征，把握其兴趣取向并着力激发其行为动机，满足和回应学习者的个性化差异和多样化的学习需求。此外，教育者在正确把握教育内容的同时，应养成"换位思考"的习惯，将传播内容化繁就简，以小见大，把大道理融入小故事，用家常话迭代大套话，将抽象的理论转化为具体可感的现实内容。通过灵动鲜活的事例，注意传播形态的生动性和亲和力，形成教育者与受教育者之间的良性互动，牢牢吸引大学生的"眼球"，提高思想政治教育对于大学生学习的吸引力，从而提高思想政治教育的有效性。

5. 受众论

个人差异论是以"刺激—反应论"为理论基础的，强调不同受众对信息有不同的接收行为。这一理论认为，人的心理、性格会因成长环境和经历的不同而各有差异，所以在思想政治教育领域中不存在"相同"的受众。不同的受众由于自身的需求、习惯、价值观等方面的差异，会对外界传递的信息产生不同的理解和选择，从而态度和行为上也会因人而异。思想政治教育过程中，大学生受众不可能对所有教育信息都全盘接收，通常会选择并接收与本人观点和立场相符合的传播内容，而对于所选择的教育内容，大学生也会依据自身不同的心理特征、喜好倾向等进行理解，他们也只会记住符合自己兴趣和与自己意见相同的部分讯息。因此，要使教育思想内化为大学生的认知并影响其今后的行为，高校思想政治教育在教育方式上就必须注重受众的选择性心理特征和个体差异。

三、主体间性高校思想政治教育研究回顾

在国外，自17世纪勒内·笛卡尔（René Descartes）开始，西方哲学鲜明地提出了人的主体性问题，后经伊曼努尔·康德（Immanuel Kant）、格奥尔格·威廉·弗里德里希·黑格尔（Georg Wilhelm Friedrich Hegel）、胡塞尔得以推进。从历史层面审视，我们可以发现，主体间性一词由哈贝马斯在"交往行动理论"中提出，他认为主体间性是主体间关系的规定，是以个人主体性作为基础的。到了20世纪80年代，西方哲学从主体性研究转向主体间性研究，学界出现大量研究主体间性的专题论文，主体间性吸引不少学者从不同维度对此进行展开式研究，并对主体间性的内涵、关系、特征等方面加以界定，20世纪90年代，主体间性思想开始走入教育领域。

在国内，学术界对思想政治教育主体间性问题的研究起步较晚，2002年，思想政治教育领域开始探讨主体间性问题，从师生孰为主体开始转向师生共为主体。通过检索梳理中国知网从2002年到2022年收录的关于"主体间性"并含有"思想政治教育"的文献资料，发现学界对于思想政治教育主体间性问题主要围绕两个方面展开研究。一方面，借鉴哲学主体间性理论，通过探讨主体性与主体间性关系问题，即"主体间性对主体性的超越"来构建思想政治教育主体间性理论体系；另一方面，在马克思主义理论指导下，对内涵、特征、模式、规律问题进行了深入的探讨。首先是内涵研究。萧红梅认为"主体间性是主体与主体在交往活动中所表现出来的以'交互主体'为中心的和谐一致性"[①]，在主体的交互性中关注认知的主体位势与思想、理解的双向性、

[①] 萧红梅．构建主体间性视阈下的高校思想政治教育[J]．当代教育论坛，2007（5）：63-64．

复合性。只有增强交互主体意识，主体间的交往行为才能由互为对象关系转向互为主体关系。其次是特征研究。张耀灿等学者认为，"教育者与受教育者是共在的主体间的存在方式，是一种双向的交往活动，特征应包括主体性、多向性、平等性、活动性"[①]。再次是模式研究。主要代表观点是"交往式思想政治教育"，学术界比较认同坚持遵循双向互动、回报平衡、和而不同、互利共赢的原则。闫艳等人认为"用交往关系来观照整个思想政治教育过程，由'我—他'型转向'我—你'型，由'独白—哑语'转向'对话—沟通'的关系模式"[②]。最后是关于规律的研究。张耀灿总结出"主体间多项互动规律"，主要从三个方面进行努力：一是树立活动意识，开发活动资源；二是发展主体间的平等交往；三是建构主体性德育模式。

综上，近年来对于思想政治教育主体间性问题的研究已经引起了国内外许多专家学者的关注，但有关研究成果仍存在一定的局限性：一是以往大多数的研究都是学理性阐述分析，而系统性研究显得较为薄弱；二是相当一部分研究只是停留在教育者的主体定位与角色转变方面，但有关受教育者的研究方面关注较少，特别是对于受教育者的主体定位、思维习惯、心理诉求等方面的研究更是寥寥无几，措施也只停留在表面上和口号上，还没有在深层次形成具体可行的操作方法。因此，紧密结合思想政治教育现实问题，通过对主体间性理论背后蕴含的哲学思想和理念研究，从思想、行为、方法和过程等层面构建符合当代大学生成长成才规律的思想政治教育的创新路径，提升高校思想政治教育的时代性、针对性、实效性就十分有必要。

---

① 张耀灿，刘伟. 思想政治教育主体间性涵义初探 [J]. 学校党建与思想教育，2006 (12)：8-10+34.
② 闫艳. 交往视域下思想政治教育原则新探 [J]. 求实，2013 (1)：84-86.

第二章

源起与内构：高校思想政治教育主体间性转圜

第一节 主体间性的哲学解读

一、"人与世界"的关系问题

人与世界的关系问题是哲学的终极奥义，而"人生在世"回答了"人—世界"关系的终极逻辑，无论是自苏格拉底以来的西方哲学史，还是以儒道为核心的东方哲学史，都无一例外的在回答这一问题的基础上建构属于自己的哲学逻辑。"人生在世"既是回答人与世界究竟为何的本体论思维，又是回答人如何认识世界的认识论思考。人究竟与世界有何种联系？人是活在世界中，还是世界"活"在人（意识）之中？"人生在世"有多种解读，而在东西方哲学不断阐释的过程中造就了社会思维的嬗变和哲学思潮的更迭。从西方哲学史的纵向来看，早期苏格拉底、柏拉图时期的"爱智"，包含了"一"即一切，即人与万物交融的"人生在世"观；从苏格拉底到黑格尔两千余年间，西方哲学是把"存在"当作独立于人之外的概念来加以追问的学问，此时的"人生在世"观即"主—客"体观；从黑格尔之后到现代，以人与世界交融的、生活的、实践的、交互的"人生在世"观不断发展，哲学成为人与世界如何交融的学问。张世英先生在此之上总结性回答了"人生在世"的根本过程，明确了"天人合一"的"主客不分""主客二分""天人合一"的主体间交互纵向发展逻辑，深化了"人生在世"的哲学解读①。借此，从"人—世界"关系问题，到"人生在世"，再到"主客二分"，最终到"主体间性"，哲学思维在一步步回答上一个哲学思想后，也在一步步壮大。

（一）"人生在世"与"主—客"体诞生

"人生在世"通过"生"和"在"的逻辑关系沟通并解答了"人"和"世界"的双重取向。"人生在世"，如何"在世"？西方哲学和东方哲学在回答人与世界的关系问题时有着截然不同的说法。威廉·狄尔泰（Wilhelm Dilthey）将"人生在世"解读为"人生活在世界中"，勾勒出人与世界"纠缠"连接的哲学图景。世界上的每一个人都不是坐看星辰大海、沧海桑田的旁观者，而是"纠缠"在世界中，受世界影响并不断影响着世界的"参与者"。因而狄尔泰的将人的生活看成与世界交融一体的观点，构成了"人与自然合一"或"人与世界合一"的哲学逻辑。但狄尔泰的"合一"与中国传统的"天人合一、人生在世"观大相径庭，"天人合一"是一种境界、一种美学、一种超脱或一种"玄德"，是一种"天地之委顺"的和合或"天地与我并生，万物与我唯一"的自然，是一种无意识、无差别的"人与天地合一"。

海德格尔同样将"人生在世"解读为"in-der-welt-sein"，即"人在世界之中"。但海德格尔的"在之中"要比狄尔泰的"纠缠"更加生

---

① 张世英.哲学导论［M］.第三版.北京：北京大学出版社，2002：18-25.

动而具体。海德格尔将"在之中"剖析出两层含义,即"此在之中"和"在此之中"。"此在之中"指人与世界是两个彼此独立的外在事物,就像"水在杯子之中""衣服在衣柜之中""商场在城市之中",两个彼此客观存在的独立事物以"现成"的、不需要互相加以"修改"而直接显现的物体而存在,二者是平等、独立而且必须是"现成"的。那么"人在世界之中",就似乎是人天生而独立于世界,而世界恰巧像"杯子"或"衣柜"一样可以合适地将人"装在之中",一切显得只是幸运、碰巧。因而"此在之中"自然而然将人与世界分隔开,人与世界,是两个彼此独立且在二者交汇前就已形成的"现成"事物,因机缘巧合而"恰巧"把人"装"在了世界之中。"此在之中"是海德格尔对西方传统哲学的回顾,但他并不仅限于此,而是对其加以批判,提出了"在此之中"。"在此之中"对狄尔泰的"纠缠"说进一步升华,提出人融身于世界、依托于世界、繁忙于世界而"在之中"。人降生之初首先不是认识世界,而是在与世界"打交道",也可以说当人在萌芽、在胚胎、在孕育前的无意识状态时,就已经和世界"打交道"了。所以,人不是依靠认识而"在之中",是已经"在之中"后才会认识世界、研究世界、理解世界的,"在之中"先于认识。同时,世界虽然是以其物质性而不是以人作为存在的根本,但是,只有人的存在才可以使世界展现自己、披露自己、揭示自己,"世界只是人活动中的世界"。由此原因,"在之中"既是人融身于世界,又是世界依赖于人而展现,借此达到人与世界的"合而为一"。同时,海德格尔的"在之中"不是"天人合一","在之中"是"此在—世界",其仍然认为人在降生或尚未胚胎发育时就已经与世界打交道了,进而依靠生活、实践将"此在"与"世界"融合为一体,人依靠"生活"而融合于世界。

但是,无论是狄尔泰的人与世界"纠缠"于生活,还是海德格尔的依靠生活而"在之中"，都反映了不同于中国传统哲学的西方式思维，二者差异的聚合点体现于"主—客"体关系和"天人合一"。因而，"人生在世"是"主—客"体或"天人合一"的逻辑起点，更是逻辑终点。通过以狄尔泰和海德格尔为例的西方传统哲学聚焦"主—客"体式的"人生在世"，以老庄为代表的中国传统哲学聚焦"天人合一"式的"人生在世"，在形而上的系统建构中可以探寻"人生在世"的两种途径，找寻"主—客"体的哲学本源。

（二）"人生在世"的发展阶段

1. 前"主—客"体式"天人合一"认识论

"人生在世"的第一个阶段是前"主—客"式"天人合一"。以中国传统哲学为代表，讲求"主—客"不分的人生态度，与"主—客"二分相对立，形成了物与我、世界与本我为一体的"人生在世"价值。而"天人合一"的研究对象不是以"我"为主研究的外在客体，试想一下刚刚分娩的婴儿，在眼睛没有睁开、尚未出现痛觉意识，更没有认识世界的能力时，他的第一声啼哭、吮吸乳汁、四肢挣扎，所有无意识的举动都是本能的驱使。此时，他没有在认识世界，没有在区分自我与本我，没有区分此在与自在，更没有区分"我与他"、人类与世界，他不知道改变世界、不知道影响世界、不知道利用世界而为"我"所用，一切只是遵循本能，遵循"天道"。而中国传统"天人合一"也采取类似观点，忽视认识论和方法论，只注重研究本能而延伸的自然规律，却不注重普遍规律，更注重意境的感受或境界的提升，却不在乎利用自然规律改造世界。传统"天人合一"像刚出生的婴儿，因本能而遵从天道，注重"返本归真"而忽视"客体"与"外在"，强调"天地与我唯一物"，没有主客之分，只有"我""唯我"与"本我"。

2. "主—客"体式认识论

"人生在世"的第二个阶段是"主—客"体关系问题。以海德格尔和狄尔泰为例，西方传统哲学的"人生在世"观以"主—客"关系为本源。在经历"天人合一"的主客不分后，如果仍然以孩童为例，那么当婴儿睁开眼睛能够感知世界、体验世界、认识世界，并能产生对世界的看法时起，他自然而然会区分"我—它"，会产生"我"的意识本能，会将听到的、看到的、感受到的、认知到的一切事物定义为"它"。在区分"我—它"之后，一个精神健全的人类会逐渐开始形成能动意识，婴儿开始产生晃晃手可以摆动眼前的玩具，深吸可以喝到甘甜的乳汁，从"天人合一"的本能，到有意识地对这个世界产生能动作用，用自己的行为影响、改变甚至改造这个世界，"客"的意识便逐渐产生。紧接着，"主体"意识产生的较为漫长，一个襁褓中的婴儿会在很长时间里有不自觉地影响世界的意识，但有一刹那的瞬间，让他明白，是"我"在改变世界，晃动玩具的是"我"，喝奶的是"我"，慢慢地，在认识不断发展的基础上，"我"不断在改变着"它"而为我所用，从"它"身上掠取、挖掘、改造，"它"的存在应当为"我"而服务。如果如此表达大家不以为然，那么我们仔细端详，人类无论吃喝还是衣食住行，甚至牛吃草、植物吸水、微生物摄取单细胞，都是在不断以"我"为中心向"它"即世界索取，而我们对世界的付出就是把原本的东西加以改造而符合"我"的喜爱和方便，因而对于人类而言，我即"主体"，世界即"客体"，主体在不断对客体进行认识和征服的过程中，在"意识—认识—实践"的发展脉络中，实现了人类文明发展史和个人成长史。自我之外的世界处于"我之外"，而我又"在之中"，因而"主—客"在既对立又融合的过程中不断演化。在此逻辑推论下，"主—客"体"人生在世"以人类中心主义为起点，僵化认为外部世界只是被研究、利用、改造的客体，而转换人类本体身上，也机械地转换为个人中心主义，以"自我"为中心，其他人只是被认识、被利用、被研究的对象。

3. 后"主—客"体式"天人合一"认识论

"人生在世"的第三个阶段是后"主—客"体关系的新范式。西方传统"主—客"式"人生在世"观在长期发展中也受到了不同程度的批判，海德格尔的"在之中"，笛卡尔的"人—世界"合一理论，黑格尔的"绝对精神"统一"主体"与"客体"，马克思的实践统一"主体"与"客体"，都是"主客二分"的鲜明发展。当我们排除这些纯理论的概述，而仍以人类来举例，那么在经历"天人合一"遵循本能的"主客不分"，到以"我"为中心要求外部事物服务于我的"主—客"二分，此时天地与我合一，外物便是"此在"，此时的"天人合一"超越了由本能趋势下的"天人合一"，真正源于自然而超越自然，同时超越了"主—客"对立，"我"与"世界"合一。此时的超"天人合一"将我与世界并立为主体，同时超"天人合一"不是一个主体的融合为一，我与世界都是主体，是两个独立的主体间的交互发展。超"天人合一"式"人生在世"观以审美意识为主线，建构了人与世界两个主体的哲学范式，深刻回答了人与世界的关系问题，同时在双主体的交互下形成了互相影响、互相促进、互相糅合的态势和发展。

二、主体性哲学与主客二分的发展脉络

"人生在世"是主体性哲学及其产物主客二分法认识论的基础与前提，在回答人与世界关系问题时，以人类自身为主和所见、所感、所知的外部世界为客的"主—客"体关系逐渐发展，在文艺复兴和启蒙运动打破宗教神权的束缚、工业发展以及工业革命诞生理性主义思潮的统

治、科学主义和唯科学论的引导下,以改造与被改造、利用与被利用为关系的主客二分法逐渐成为社会普遍思潮,并不断侵入教育论发展过程,影响教育教学形式、方法、内容。认识论的发展需要教育论的应用与推广,主体性哲学在形成社会思潮的过程中不断成为教育论的重要典范,在大学初具萌芽和不断发展过程中接续引入,创造了单向式讲授、理论灌输等主客二分式教学模式,并在发展中固化了主体性哲学这一重要范式。

在长期占据统治地位的"主—客"体哲学范式下,以主体中心论为要义,主客二分法逐渐从哲学领域蔓延到其他学科。认识论作为"主—客"间沟通的桥梁,也不断随着主客二分法的蔓延而延伸到教育领域。贝奈戴托·克罗齐(Benedetto Croce)在"主—客"关系中把"感受""情感"置于直觉之前,认为"感受""情感"只是认识的初级阶段,通过直觉而赋予其形式并使之成为事物或"意象",此种认识论观点虽割裂了天人合一与情境交融,但在教育认识论中,其肯定了直觉起源于实践的"感受""情感"因素,明确了在"主体"认识过程中依靠实践的"情感"因素而具象化为直觉,通过直觉的表象性而对"客体"加以认识的教育认识过程。但是此种解读存在极大偏差,并且于克罗齐本人的"认识先于实践"的观点不符。而在海德格尔看来,情绪先于直觉也先于认识,主体在与世界打交道时就对世界"有所作为",借此保持着与世界完整的联系性,在此过程中人在以实践活动改造世界中必然有所"筹划",对自己有所"指引",产生从无到有的反映,这一过程海德格尔将其定义为"领会"。而"领会"一定是带有情绪性色彩的,"情绪"与"领会"都是原始的"此在"存在方式,二者无法分割。因而在"主—客"教育实践中以"情绪—直觉—认识"为逻辑过程的教育论观点形成,虽与克罗齐的教育论观点相似,但海德格尔的哲学脉络解读更加系统、完善。另外，黑格尔在主客关系下，提出认识可以分为直观、思维、意识，主体在不断认识客体的过程中发挥直观感受，进而形成理性思维，再呈现自我意识。黑格尔作为一个理性主义者，与传统哲学家对直观的感性判断不同，其认为"'直观'是对'直观'中的东西的理性把握和直接把握"[①]。而直观是有图像的，则"思维的产物是概念，是摆脱了图像的认识活动"[②]。从克罗齐到海德格尔、黑格尔，以主客二分为起点，西方哲学家不断将认识论引入教育论，认为"主—客"作为教育工作的不同对象，以潜在的教师为主体，学生为客体，对师生间、主客间沟通的桥梁的认识不断加以哲学解读。

具体来看认识论到教育论的发展过程，以笛卡尔为开端的西方哲学从"本体论"向"认识论"转圜时起，教育认识论就在不断发展完善。早期的认识论与唯心主义密不可分，而唯心主义与"主—客"关系论又交相辉映，因而在认识论被不断引入教育论时起就囿于主客二分法的局限之下。以西方经院哲学和修道院哲学为开端，西方的教育发展史在自然科学、人文科学及以后的社会科学指引下，不断朝着"主—客"体教育模式演进。早期基督教神学教育、启蒙运动的理性教育，乃至现代化大学的雏形"学院"教育，都在讲授"认识世界"与"利用世界"的哲学原理，无论是神学主义，还是理性主义，抑或是通识教育、学科教育，都是指导人们在迷茫的世界中探寻出路，用主体的能动性改变"消极""被动"的外在"客体"。无论是之后的先验主义还是启蒙主义教育论，以灌输为模式的"主—客"体式教学范式成为不可磨灭的一环。同时，一种超然的人文精神在此时、在文艺复兴的熏陶下散发，诗歌在沉寂了几个世纪后被重新唤醒。在大学引入"诗歌"的教

---

① 张世英. 论黑格尔的精神哲学 [M]. 上海：上海人民出版社，1986：117.
② 张世英. 论黑格尔的精神哲学 [M]. 上海：上海人民出版社，1986：117.

学内容和"模式"后,一种超"主—客"体式的"天人合一"诞生了,诗歌以其沉浸于天地万物而不浮华于世界,更以其独特的审美意识和审美观而带走了"主—客"关系的"虚化",这一场超"主—客"体教学范式的模式忽略了教授与被教授,忽略了物与我、他与世界,超然的教学范式将"天人合一"引入而来,有感而发。而继续观察"主—客"式认识论下西方传统教育论的发展,12世纪以后的欧洲,随着近现代城市的发展、城市文化及精神信仰的需求、经院哲学将重心转移到"学校教育"、行业分工的精细化与技术化等因素的综合影响,现代大学的萌芽在欧洲大陆逐渐散播文化的种子。在此一段时间修道院哲学与理性主义不断争辩,"认识论"哲学的争辩在大学中的缩影逐渐演变成教育论的发展,即对教育方法哲学的推演。此段时间以哲学家为例便显得较为浅薄,而以大学人文精神及其社会功能来剖析更能清楚地认识到,主客二分的认识论在大学教育论中的不断发展。早期修道院以基督教神学为基础教育,因而以"神—人""神—世界"式的"主—客"体式教育方式在西方教学史中占据着主流地位。随着近现代城市化发展,在多种因素诱导下经院哲学从高高在上的神坛逐渐向世俗化倾斜,随之而来的是修道院的教育重心从神学教育转向"学校"教育,以古典人文学科为核心的"七艺"为内容,逐渐与理性结合,神学的学术性得到充分发扬,而学术规范、学术风尚、学术态度在理性的熏陶下逐渐成为大学的灵魂。而在此影响下最为珍贵的产物就是"学术争辩",它强调在互以对方的对立所构成的认识论差异为条件时,利用认识论差异而在差异中寻找普遍规律,在诘难中探寻越来越近的真理之路。但是,这种"学术争辩"虽然应当是两个认识论主体基于互相的认识论差异而带来的争辩,但是事实与此有所差异。主体性思维的固化、主体性哲学的尚不发达,让这种"学术争辩"囿于"主—客"体式的争辩而无法自拔。西方的大学萌芽是近现代城市化分工所带来的产物，因而分工所引发的阶级分立是资本主义不可跨越的障碍，因而西方的大学发展之路不过是"Universitas"，即"一些有知识和技艺的人组成的传授知识和技艺的联合体"①。阶级的分立有了领导者和被领导者、领导阶级和被领导阶级，在此环境下组建的大学自然而然形成了有知识的群体和没有知识的群体、教授知识的群体和被教授知识的群体、掌握技能的群体和被动接受技能的群体，随着资本主义的阶级固化而形成了"主—客"固化。有知识的教授者无论教授的是自然科学知识，还是法学等社会科学、神学等人文学科知识，都在以主体的形式传导、传输，而学生不断组成一个"来自各方的人一起学习（接受）"的群体，"Universitas"转向了"Universitates"。群体意识的成型开始让"主—客"体认识在教育论中固化，大学这一传授知识与技能的场所在通识教育和学科教育中不断演变成现代的"职业行会"，即培养工作人才的"职业化群体场所"，此时职业性质也超过了大学师生自身协作利益，教师的主体地位随之被取代，逐渐演变成外在客体式和内在主体式教学范式。由此来说，以经院哲学为依据的修道院教育中，教育论是神学主义"主—客"认识论的延伸，文艺复兴推动了神学主义精神信仰和认识论的转化，但"主—客"式的认知思维难以逾越地带到了大学的人文精神中去。而自启蒙运动以来随着工商业发展，以自然科学"人—世界"的认识论为起点，学习的目的是利用世界、改造世界、征服世界，"主—客"体式认识论从人文科学走向自然科学，世俗化和功利化让这一教学范式在教育论中不断加深。从而，大学的人文精神和社会功能被修道院哲学和自然科学完完全全塑造成"主—客"体式教学教育，

---

① 尤西林. 人文科学导论［M］. 北京：高等教育出版社，2002：118.

主客二分法和主客认识论不断在教育论中演进。

三、从主体性向主体间性的哲学范式飞跃

主体性哲学范式在传统西方哲学中长期占据主流地位，早在古希腊时期主体性哲学就已然问世，但在宗教神学影响下人只是由神创造的众多生物之最优品，对主体性的把握尚未集中于人类身上。到了中世纪，主体性哲学仍局限地认为主体是某种抽象的"本体"和"实体"，人仍然没有成为哲学意义上的主体，因而主体性哲学仅在萌芽阶段。而随着"认识论"的转向，以笛卡尔"我思故我在"为起点，注重个人价值和"我"之内涵的主体性思维开展不断深化，明确了"我"和"他者""世界"的重要关系。笛卡尔认为只有"我思"才能证明他者、世界、上帝的存在，"一切都值得怀疑但只有'我思'是本真存在着的"，[①]因而只有"我"有思维并在思考、在怀疑才能洞察、探究、了解、领会他者与世界，世界才会有价值。借此，其建构了"精神""灵魂"的主体地位与"外物""肉体"的客体地位，而后的西方哲学沿着如何将主客体分裂的轨道在不断探寻。康德在笛卡尔的基础上不断发展人的主体性理论，在启蒙运动的指引下提出"人作为主体在认识上的能动性"，提出"先天的纯粹直观"与"通过感官的感性直观"，用"先验意识"和"普遍理性"弘扬了人的主体性。而康德的主体性思路与谢林的"绝对同一性"和黑格尔的"绝对精神"相似，都是把抽象的理念作为实体和主体，虽然尊重、弘扬人的主体地位，却遏制了人性的自由与个性，在用有限主体性追求无限目的时，将主体与客体不断分隔开来。综观西方传统主体性哲学发展，主体性与唯心主义挂钩的同时，将

[①] 笛卡尔.谈谈方法[M].北京：商务印书馆，2000：75.

抽象的意识、理念、精神、经验作为物质的特性甚至唯一特性，进而将"主体的思维和思维的主体相混淆"，将"我"之主体与"我思"之方式相混淆，将"自我"与"自我意识"相混淆，则极容易走向"唯我"论的沟壑。同时，主体性的来源就与唯心主义密不可分，无论是宗教神学还是所谓的理念、经验、绝对精神，都仅关注人的意识而忽视客观实在，只关注个体的、自我的"我思"，而忽视客观的、现成的"实在"，在难以逃脱以人类或人类之思维为核心的主体性哲学模式下，主客体的分裂将难以避免，以主体理性不断膨胀下的主客二分也成为主体性哲学的本源。为了打破主客二分的主体性哲学困境，打开"唯我论"的理论枷锁，以胡塞尔为开端，建立在个体主体性基础上，以先验自我为根基，以"单子共同体"为模式，以"自我""他人自我""人类共同世界"为内涵，建构主体间交互的哲学模板，而张世英认为胡塞尔及以后的主体间性哲学沿着后"主—客"体关系即超"天人合一"的"人生在世观"不断发展。

但是，从胡塞尔开启主体间性的一百余年间，主体间性仍被禁锢在交流、对话、协商的知识框架内，尚未从纯粹的内在性中走出而在外在的客观世界中现实化。从启蒙运动以来宗教神学不断被颠覆，以个人理性主义为核心的"唯我论"不断被尝试，从笛卡尔的"我思故我在"出发，发展到康德"从先验的主体理性出发的先验哲学"，最终以黑格尔的"理性主体沦为了绝对精神的工具"终结，理性主体论在哲学中陷入困境，而如何推动理论主体向"主体间性现实化"跃进成为西方哲学的全新考量。理性的"唯我论"以人类中心为出发点，在单纯的理性原则基础上的主体论哲学宣告失败，"主—客"二分的"人生在世"观宣告"破产"。在总结"失败"教训的前提下，打破"主—客"体关系下主体论思维范式，向主体间性转圜成为历史必然。

<<< 第二章 源起与内构：高校思想政治教育主体间性转圜

　　胡塞尔作为主体间性的开启者，注重对理性主义的转换和"唯我论"的转向。他以早期哲学的理性主体为启发，建构了主体间性，即实现了从"单个主体的理性"向"多主体间交互的理性"跨越，形成"他人就是我本身的一种映现"① 的交互式现象哲学，在"主体间性"中重构主体性和理性的共通，实现对"交互主体性"的哲学解答。从理性主体论到交互主体论，胡塞尔在开启主体间性的同时却没有摆脱对"自我"的局限，其以先验现象学为视角展示了"先验自我论"向"先验主体间性"的过渡，但始终是"自我"与"他我"的共存，没有突破"我"的局限，因而仍然具有鲜明的"主体性"导向，因"我"的痕迹留存让胡塞尔的主体间性"只是主体我思的膨胀"。海德格尔仍然用"人生在世"哲学的"此在之中"和"在此之中"回答"我"与"他"的区分，从"在此之中"的"在之中"证明了人生活于世界而与世界彼此交融，人与世界融合为一个整体而彼此"交互"，借此抨击了视人类为主、世界为客的"主—客"体的"此在之中"，实现了其认为的主体间性交互模式。同时，海德格尔较胡塞尔的发展是将"交互主体间性"的"实现"变为可能，其提出"通过语言而'诗意地栖居'和'天地人神'的和谐共在，也即自我与他人、自然、艺术作品等在意义的世界相遇和共在"② 的方法实现人与世界交融，人与世界主体间交互。但是，海德格尔的主体间性思维仍存在巨大局限性，其"此在—世界"的思维逻辑如胡塞尔一样没有摆脱"自我"的局限，"我"与"世界"虽然交融但仍以"我"为交融的主导，同时其主体间性的"'实现'可能之推理"反倒摆脱他的主体性"自我"思维，主张通过"天人合一"的意境、审美层次达到人与世界主体间交互，

---

① 笛卡尔. 谈谈方法 [M]. 北京：商务印书馆，2000：77.
② 尤西林. 人文科学导论 [M]. 北京：高等教育出版社，2002：131.

但又仅停留在语言这一方式上,从而使其因"个体自由选择的过分追求而滑向虚无主义"①。伽达默尔也在胡塞尔的基础上对主体间性进行了解读,其以语言视阈解释了"非自我的现象学运动",提出了一切实践建立在实践各方主体间交互理解上,而理解又依赖语言这一沟通、交流方式的应用,因而依靠语言可以打造一个由主体与主体间交流、对话的全新视阈。伽达默尔对现代主体间性教育学发展有一定推动作用,重视对话、交流而打造师生主体间语言域,可以有效打通师生隔阂与交流困境,但是过分夸大语言作用使得伽达默尔的主体间性哲学理论存在重大缺陷。哈贝马斯在海德格尔的主体间性哲学基础上有极大发展,其以实践为基础、以"交往理性"为内在创新了"个体自我反思"到"主体间交互对话"的逻辑过程,他的学说超越了以往哲学家在关注主体间性时始终无法摆脱的"自我性",强调了"我"只有在与社会、与"他人"交往时才得以显现,突出了人类的社会关系,将"自我""主体"与"他人""客体"有效联结,以平等的姿态审视"我"与"他"。在此基础上,哈贝马斯的"交往理性"也对主体间性的"实现"可能做出了极大贡献,以理性为前提推动主体间通过语言建立相互理解,通过辩论和协商达成共识,通过交往实践达到思维的交互,进而实现主体间融合。哈贝马斯与伽达默尔同样将语言作为主体间理解的重要方式,但与伽达默尔不同的是,哈贝马斯的语言学更兼具认识论的哲思,清晰地梳理出语言在主体间相互认识的媒介价值,通过语言的社会属性而将西方传统哲学囿于主体性而无法自拔的哲学思维剥离出来,通过语言沟通自我意识、他者意识、社会意识的内在属性而将"自我"与"他人"相联系,为主体间性的真正发展提供了理论思路。

---

① 尤西林. 人文科学导论 [M]. 北京:高等教育出版社,2002:136.

总体而言，从主体性向主体间性的哲学演进，复杂而又艰难，而关键点是如何摆脱"自我中心论"和"人类中心论"，抛弃"我"而注重"他"。主体性重"自我"而轻"他者"，重"人类"而轻"世界"，将他人与世界作为被研究、改造、利用的"客体"；主体间性强调后"主—客"体式的"天人合一"，讲求在区分"我"与"他"的同时，注重"我"与他人、与世界的和合为一，将"我"蕴于"他"与世界之中，明晰"我"只有与他人、与世界交往时才能体现"我"之本来，借此达到和谐的"天人合一"。如何摆脱"我"之主体性而达到"我们"之主体间性，从个体、独我、唯我走向群体、交互、集合的哲学道路，胡塞尔的"多主体间交互理性"说和"交互主体性"理论、海德格尔的"在之中"、狄尔泰的"纠缠"说、黑格尔的绝对精神统一主体说、伽达默尔的语言域沟通主体间交流说、哈贝马斯的"交往理性"说和语言桥梁说都在不断摒弃"自我"之主体，跨进"我们"之主体间而不断努力。

四、"天人合一"是"主—客"体哲学的终极取向

在阐述"人生在世"发展阶段时，我们提到人在认识世界中，人的认识论有三个发展阶段，而此时的"主—客"体哲学范式的终极取向是"人生在世"第三个发展阶段，也是人的认识论及人的精神发展阶段的最终阶段，即后"主—客"体式"天人合一"。

"天人合一"原是中国哲学长期倡导的理念原则和哲学准则，以儒家的"仁"、道家的"道"、释家的"智"为联结，中国古人力求建构与天地、与万物、与宇宙、与世间一切无穷奥妙相联系、相融合、相统一的境界，儒家叫"大同"，道家叫"了道"，释家叫"觉解"。"天地

与我并生，万物与我为一"① 乃至"天人合一"，"内修己而外安人，以达内圣而外王"② 乃至"天人合一"，中国古代哲学讲求本性，追求自然，倡导无为，反对矫揉造作，反对"弄虚作假"，一切归于本我，一切回归自然，一切回归天地。因而，"天人合一"在中国哲学看来既有字面上的解答即天与人融合为一，又有深层次的阐释即"以内在境界之飞跃达到自我回归本我之状态，而以本我之姿态回归天地万物"③，还有像"寄蜉蝣于天地，渺沧海之一粟"④ 一样的诗意和审美意义。

但是，此时的"天人合一"是前"主—客"体式"天人合一"，是主客不分的"天人合一"。从前"主—客"体式到后"主—客"体式"天人合一"，这是人的认识论发展过程。那么此时，我们将从本体论的角度阐释什么是"天人合一"，什么是后"主—客"体式"天人合一"。马克思主义唯物论是科学真理，此时我们所阐明的"天人合一"绝不是唯心主义的以内在经验或心灵的"合一"观，而是突破理性与物质层面，探寻人的情感因素与境界美学对物质、对世界的看法，终极指向仍然是认识论的"合一"观。后"主—客"体式强调突破人类中心论和"主—客"体关系，追求人与物、与世界的双主体关系，因而此时的"天人合一"是从人内心的情感层面出发的，是一种看待物质世界即"天下"的感性观念和审美观念。在超越主客二分之后，后"主—客"体式"天人合一"将人自我定义为主体，将外部世界定义为与我相对应的主体，"我"寄生于"万物"中，以物质的本体而展现，世界由不同种类、不同方面的物质构成，而"我"这一特殊物质不仅是

---

① 庄周. 庄子 [M]. 王丽岩, 译注. 北京：中国文联出版社, 2016：14.
② 华夏文库·儒学书系：内圣外王·修己安人 [M]. 河南：中州古籍出版社, 2014：1.
③ 张世英. 哲学导论 [M]. 北京：北京大学出版社, 2002：117.
④ 苏轼. 苏轼词选 [M]. 刘石, 注. 北京：人民文学出版社, 2016：5.

组成世界的重要要素，更是定义其他物质和整个世界这一整体物质的主体，"我"与万物是同一本真，"我"与世界是既不相同又无限联系、彼此交融的同一本体，是"天"与"人"、"世界"与"我"因物质性而同一、因发展性而联系、因无限联系而融合的，是联系中的两个彼此交融的主体，是在交融中不断因共性而和合，是个性却保持自我的关系。

因而，后"主—客"体式"天人合一"不是道家自然无为而回归本性的"天人合一"，不是儒家仁施之于外的"天人合一"，不是释家"四大皆空，觉行圆满"① 的"天人合一"，而是超越中国传统"主—客"部分，在本体论和认识论的交相辉映中体会人与他人、与自然、与世界的物质性本体和物质性联系，认识到"我"与世界的真正关系，不以"我"为主，以他人、以万物为客，而是视一切为主，认为万物与我相连和相关的万物一体、万物相通。

既然"天人合一"的本质是人在认识世界的基础上，认识到他人、社会、万物都是与"我"相连、相通、相互交融的主体，"人生在世"的关系问题就是"人与世界"这两个主体间彼此交互的关系问题，那么，以哲学范式来回答"天人合一"时，就是"人—世界"与"主体—主体"的关系。

自人类中心论以来长期统治社会思潮的哲学范式都是"人—世界"的"主体—客体"关系，这种以人自身为主体，视他人与世界为客体的哲学范式在自然科学与社会科学中被广泛推崇，以客体的自然和客体的人为研究对象的科学观让"人与世界"和"人与人"的关系变得冲突而隔阂，人性危机、伦理危机、道德危机和自然生态危机在"主—客"体关系的侵扰下愈演愈烈，人与社会、与世界逐渐出现不可调和

---

① 佛教术语。

的矛盾。19世纪的可持续发展理论建构了人与自然的协调观，但直至今日"可持续发展"的定义仍然是如何更好满足人类发展需要的问题，而将世界定义为实实在在的主体与人类共同发展仍是一个美好的愿景。"天人合一"观建立了人与世界的"主体—主体"关系，倡导在双主体下人与自然的和谐共生，是超自然主义在现代化——现代性进程中的完美取向。

五、"民胞物与"是"主—客"体哲学的终极价值

"民胞物与"出自宋代张载的"民吾同胞，物吾与也"。作为理学的创始人，张载将东方儒家哲学之"仁"与自身首创的"理"相结合，探索出一条人与世界关系问题的不同解答。"民胞物与"后指泛爱一切，爱自、爱他、爱世界，虽与墨家的兼爱大相径庭，但都表现出一种"爱无等差"的仁爱观。但张载出此语，原指"民为同胞，物为同类"的联系观，民与"我"是同胞、是同类，因而不能分彼此、分主客，而"物为同类"即表现出天下万物相生相融，无高低贵贱，皆有联系，皆出于一体，又表现出"物"与"我"相生相伴、相与唯一的"和合"观。张载之理学类似于本体论的理学，认为天下万物皆归于理，虽然唯心主义和形而上学的交织让理学有其刻板化之处，但其也打造了万物并行、万物相通、皆归于一处的普遍联系观。在中国古代仁爱思想和朴素自然观影响下成为人与自然都是万物的主人，都应当成为主体的朴素主体间性的哲学内涵。而"民胞物与"的重点是"民胞"，即天下万民皆是我的同胞，"我"与"他人"本质上没有区别，并且"他人"视我也不应当有所"区别"，正因为"民胞"，所以"我"才需要以仁爱之心对天下万民。而儒家之"仁"有交互之说，即对民之仁也是对自我之仁，因而"民胞"可以说是人与人之间以"仁"建立起的交互说。

张载的"天人合一"是宋代道学之开端,"见闻之知,乃物交而知"(《正蒙大心篇》),中国传统哲学自张载起从主客部分的前"主—客"体式"天人合一"向主客二分认识论发展,中国传统道家自有的"天人"说让张载的主客二分自然而然带有"天人合一"的韵味,"大其心"(《呻吟语·卷二》)"体天下之物"(《张载集》)、"视天下无一物非我"(《正蒙·大心》),"天人合一"的融解观让张载的主客二分道学式认识论浑然天成地带有向后"主—客"体式"天人合一"跃进的倾向。因而张载的"天人合一"是主客二分向后"主—客"体式"天人合一"的过渡阶段,那么他的"民胞物与"是"天人合一"的延伸,因而同样有着过渡阶段的性质。但是张载在传统儒学影响下重视人的精神发展过程,与普世的"仁爱"观及张载的"民胞物与"尤其是继承其心志的"程朱理学"和"陆王心学",都对"兼爱天下""施仁于万民""民胞相通"等给出了定性并做了发扬,而主客二分下的"我"与"民"的对立在儒家哲学的渲染下彻底成为后"主—客"体式哲学范式,强调"我"与"民"本质相同、内在相通,是"主体—主体"的关系,是"人者,天地之心也"(《礼记·礼运》)的以心为联结的人与人之间普遍联系的关系,是人与人民两个名义主体之上的交互关系。无论是孔子"人民观",还是孟子的"民本观"、老庄的"人道观",都是以轻己而重民为前提,而张载试图在此基础上,打造一个万民皆同,在以心或理为本质的普遍联系观下探寻人类的同心性,进而以内心情感出发动用恻隐之心而达到"我"与在场的、面前的"你"即"万民"相通,"达则兼济天下"(《孟子·尽心上》)、"普渡众生"(《警告通言》)、"道法自然"(《道德经》),无不是"我"与"你"的相通,"我"与"万民"的相融。

第二节 主体间性高校思想政治教育的内构

一、主体间性高校思想政治教育立足于"我—你"

马丁·布伯提出的"我与你"思想，不仅开创了西方现代性反思的重要维度，而且重新规范了主体间交互的深刻内涵。亚里士多德将"生产"比作人对物的利用问题，将"实践"比作人与人的交往问题。而人对物的"生产"关系可以通过提炼普遍规律而总结到自然科学范畴，人与人交往的"实践"关系可以抽象概括为社会的普遍规律即社会科学范畴，而当从"我—它"即"生产"关系和"我—他"即"实践"关系中抽离出来，普遍概括为"我—你"时，自然科学与社会科学自带而固有的"主—客"体关系便演进为现代社会人文科学与人文精神交织下的主体间交互。在"我"是主体的语境下，"它"和"他"作为宾语的存在而处于低于"我"的状态，被贬低为客体对象。而原初词"我—你"在消解成"我"和"你"的基础上，从语境学中"你"便脱离出"我"的主体性范围，"它""他"是"我"的派生，而"你"是一个在现场、与"我"对话交流的另一个主体。在"我—你"的关系下自然而然建立起超越利用、支配的关系问题，我与你在争辩中追求真理，在彼此交融中实现"合一"。约翰·加尔文（Jean Calvin）曾将"你"作为指称而称上帝，在此意义下"我—你"更兼具了审美意识和伦理内涵的精神符合，超"天人合一"式的"人生在世"哲学认识论与"我—你"相与唯一。因而在现代人文科学指导下，主体间性教学范式建构的不是"我—他"，而是"我—你"，是一种完全的超"天人合一"式的"我—你",是一种超越对话、交流而达到"和合""融解""合一"境地的主体间性。

二、主体间性高校思想政治教育侧重"关系中的人"

在"我—你"的基础之上,主体间性高校思想政治教育旨在建设以"关系中的人"为内在结构的价值旨趣。高校思想政治教育不是单一的理论知识教育,更不是独立的专业技能教育,而是蕴含了人文价值与道德意识的境界教育,是一种超乎人精神层面的审美意识教育。高校思想政治教育的审美意识应当解读为张世英认为的"发现美、认识美、理解美、应用美的境界"①,而此时的"美"是社会交往中的善恶美丑,是人与人交往过程中的良知,是一种"类似于伦理道德却超乎于道德,在人与人的关系中通过'天人合一'而得到的美的意境"②。高校思想政治教育的核心为"审美意识",在乎培养人心中的境界,人生观、世界观、价值观、道德观都只是"美学境界的入门阶段"。而培养"审美意识",就必须抓住审美意识的产生,即"人与人、人与社会、人与世界交往中的意境"③。世界处于普遍联系中,人像狄尔泰所描述的"纠缠于生活"而"纠缠于世界",人与人处在"关系"的整体中。思想政治教育中的教师与学生一样,处在"关系"的整体中,密不可分。思想政治教育过程不是主体施加于客体的理论知识灌输,而是主体间在对话、交流的过程中达到融合统一,在和合中形成彼此的"关系",通过认识桥梁的作用达到教师与学生蕴于同一关系中,相互吸引而相互理解,最终达到学生内心审美意识之激发、人生境界之提升、思想意境之

---

① 张世英.哲学导论[M].第三版,北京:北京大学出版社,2002:126.
② 张世英.哲学导论[M].第三版,北京:北京大学出版社,2002:135.
③ 张世英.哲学导论[M].第三版,北京:北京大学出版社,2002:137.

跃进。而这一整套过程的核心要义就是"关系",如何将思想政治教育双方蕴于同一关系中,如何打破教师的"自说自话"和学生的"事不关己",如何将教师与学生打造为"关系中的人",是主体间性高校思想政治教育的内在趋向。主体间性要求"人生在世"都处于一个无穷大的关系整体中,"关系中的人"是人与人之间的哲学前提,正因为人处在关系中,处在与他人、与社会、与世界的关系中才能展示自我、显现自我,因而个体不可能单独存在,也不可能成为核心。同样在思想政治教育中,教师个体不可能成为思想政治教育环节中的核心与主体,只有在与学生、与课堂的关系中才能展现教学范式。因而即使是教育者,也无权以马克思《关于费尔巴哈的提纲》所批判的"高于社会之上"的教育者身份自居,而只能是平等交往性的"展示"。平等交往性的"展示",便是主体间性高校思想政治教育的终极发展范式,是在"我—你"到"关系中的人"的基础上,形成"我们"的基础与前提。

三、主体间性高校思想政治教育致力于"我们"

布伯将"我—你"建构于个体主体性"我"之上,"是一种类似于前现代的共同体关系取代了现代社会中个体自我的本体基点地位"[①]。而高校思想政治教育是在现代社会激发"我—你"之上的"仁",激发与恻隐、羞恶、辞让、是非对应的"仁"的"我"与"他人"交往时的伦理准则。高校思想政治教育只是对主体性"仁"的激发,是在引导、教授主体间交往的伦理准则的具体方法,爱国、诚信、守法、修德、明理都是社会主义伦理准则的集中体现,都是思想政治教育的内容。坚持用现代交往理论发动学生先天存在的"恻隐之心"和在社会

---

① 尤西林. 人文科学导论[M]. 北京:高等教育出版社,2002. 56.

养成的"道德理想",用"仁"学理论的本体基点关联个体主体性和先在的共同体及伦理习俗。用先在的"仁"打造现代社会的共同体关系,用"我—你"之上的"仁"为中介点打造共同的交往伦理关系,是高校思想政治教育的内涵和要素。而打造共同体本体基点地位,就要在"我—你"的基础上进一步交融,推动"我"与"你"两个主体间交流、对话、理解,进而融合、和合,形成共同体的"我们"。此时的"我们"不仅是师生主体间共同体,更是思想政治教育双方在马克思主义理论基点上与社会、世界、"天下"的和合,是"天人合一"的共同体,是人类命运共同体的"我们",是蕴含诗意和审美意识的"我们",是超越对话、交流等知识体系范畴,在内在激情的碰撞与境界的交合中的"我们"。高校思想政治教育既是对知识范畴的讲授,更是对理想信念的教育和对精神境界的培养,现代社会交往下要突破主体间性囿于对话、交流的理性主义交融,实现"天人合一"境界上的和合,就要从"我—你"的主体间交互,跃进"我们"的共同体结合。

第三章

必要与可行：主体间性高校思想政治教育发展审视

第一节　新时代高校思想政治教育的机遇和挑战

一、新时代高校思想政治教育面临的机遇

习近平总书记在党的十九大报告中提出了中国发展新的历史方位——中国特色社会主义进入了新时代。总书记强调，新时代是中国特色社会主义新时代，而不是什么别的新时代。对于这个新时代，党的十九大报告从伟大事业、发展目标、人民幸福、民族复兴、人类贡献五个方面，深刻阐明了中国特色社会主义进入新时代的历史性贡献，向全中国，也向全世界明确回答了"我们要走什么样的道路、要建设什么样的国家、要实现什么样的发展、要达到什么样的目标、要做出什么样的贡献"[①] 这五个至关重要的国家战略发展的新目标。

[①] 习近平. 决胜全面建成小康社会　夺取新时代中国特色社会主义伟大胜利——在中国共产党第十九次全国代表大会上的报告 [EB/OL]. 新华网，2017-10-27.

<<< 第三章　必要与可行：主体间性高校思想政治教育发展审视

(一) 新时代为高校思想政治教育增加新思想

进入中国特色社会主义新时代，社会思想观念也更加多元化。新时代需要新思想，新征程呼唤新理论。自党的十八大以来，习近平总书记就高校思想政治教育发表了一系列重要论述，特别是党的十九大报告专门论及高校思想政治教育的改革创新问题。关于提升思想政治教育有效性的重要阐述，主要集中于以下五个方面：

第一，关于思想政治教育环境。自中国特色社会主义进入新时代以来，信息技术与媒体应用不断融合，媒体整体生态焕然一新。随着互联网的普及，异彩鲜活的各种网络平台正逐渐成为信息传播的主渠道、大众获取信息的主阵地。习近平总书记强调："全媒体不断发展，出现了全程媒体、全息媒体、全员媒体、全效媒体，信息无处不在、无所不及、无人不用，导致舆论生态、媒体格局、传播方式发生深刻变化，新闻舆论工作面临新的挑战。"[1] 许多错误思潮，也往往因网而生，因网而增。所以，面对万物互联和"融媒体"技术正逐步成为现实的媒体环境，思想政治教育者"要适应分众化、差异化传播趋势，加快构建舆论引导新格局"[2]。"必须深刻认识全媒体时代的挑战和机遇，推动媒体融合发展，加快构建融为一体、合而为一的全媒体传播格局。"[3] 要不断开拓思想政治教育的网上空间，积极推进线下线上融合发展。加强思想政治教育网络阵地建设，优化传播环境，推动高校思想政治教育整体发展，扩大主流价值影响的广度。

---

[1] 习近平. 推动媒体融合向纵深发展　巩固全党全国人民共同思想基础 [EB/OL]. 新华网, 2019-01-25.
[2] 习近平在党的新闻舆论工作座谈会上强调：坚持正确方向创新方法手段提高新闻舆论传播力引导力 [N]. 人民日报, 2016-02-20 (01).
[3] 程文静. 深刻认识推动媒体融合发展的重要意义 [EB/OL]. 人民网, 2019-12-16.

第二,关于思想政治教育者。思想政治教育者担负着培养中国特色社会主义建设者和接班人的伟大历史使命。习近平总书记强调:"随着信息化不断发展,知识获取方式和传授方式、教和学关系都发生了革命性变化。这也对教师队伍能力和水平提出了新的更高的要求。"① 这就决定了思想政治教育者必须在具有扎实的专业理论知识的同时,不断提升自身熟练运用移动网络技术开展思想政治教育的能力,包括内容选择能力、议程设置能力、话语引领能力等,充分掌握网络话语的主动权,积极做好思想引领。此外,习近平总书记进一步指出:"做好高校思想政治工作,要因事而化、因时而进、因势而新。"② 思想政治教育者要主动适应新媒体网络的新特点、新规律,对接大学生成长规律和发展个性的需求,改进思想政治教育方法和思路,立足于大学生的兴趣和需要,有效利用多种媒体传播方式,将权威真实的信息内容,迅速及时地回应给大学生,在潜移默化中强化思想政治教育深度。

第三,关于思想政治教育受众。"现在,受众需求越来越多,参与意识越来越强,思想观念越来越多元,新闻传播呈现人人传播、多向传播、海量传播的特征。"③ 如今移动网络已经成为大学生学习、生活中不可或缺的部分,大学生由曾经的被动接受信息,转变为主动制造和输出信息。所以,习近平总书记指出:"思想政治工作从根本上说是做人的工作,必须围绕学生、关照学生、服务学生。"④ "要力避千书一面、千人一面的大一统、一般齐,力避脱离实际的空话大话,注重分析不同学生特点和实际。"⑤ 因此,思想政治教育不单单是信息传播,更是建

---

① 习近平在北京大学师生座谈会上的讲话 [N].人民日报,2018-05-03 (02).
② 习近平.把思想政治工作贯穿教育教学全过程 [EB/OL].新华网,2016-12-08.
③ 不断提高新闻舆论工作的能力和水平 [EB/OL].人民网,2016-02-25.
④ 习近平.把思想政治工作贯穿教育教学全过程 [EB/OL].新华网,2016-12-08.
⑤ 白显良.思想政治理论课改革创新的方法论 [N].光明日报,2019-04-19 (11).

立在教育者和受教育者情感意识交流上的互动过程。当代大学生追求自由开放个性化的话语空间，对于与自己日常生活密切相关的信息和表达有更多的注意，追求创意和体验感，生动的语言和直观的图像叙事更能引起受教育者的兴趣。因此，思想政治教育者应当更新传播理念，发挥大学生的主动性，培养其自我教育的能力；围绕大学生的心理特点，深入了解大学生关注的时事热点，及时回应其价值困惑；注重大学生的个性化选择偏好，满足其情感需求，激发大学生的学习动机，只有在此基础上进行思想政治教育传播，才会有事半功倍的力度。

第四，关于思想政治教育载体。高校思想政治教育的有效开展，离不开信息技术的支撑。习近平总书记强调："坚持移动优先策略，让主流媒体借助移动传播，牢牢占据舆论引导、思想引领、文化传承、服务人民的传播制高点。"① 移动教育载体拓展了思想传播的途径，丰富了思想政治教育的形式表现，给大学生的学习提供了更多的自由性和时空的无限性，有效迎合了其个性特点。因此，思想政治教育者应当依据教育内容，选择恰当适合的传播载体，综合运用微博、微信、知乎、短视频等新媒体载体，实现主流价值的全方位传播。以优质内容与新颖形式的完美统一，调动大学生的关注热情。

第五，关于思想政治教育内容与方法。在思想政治教育内容上，习近平同志指出："要润物细无声，运用各类文化形式，生动具体地表现社会主义核心价值观，用高质量高水平的作品形象地告诉人们什么是真善美，什么是假恶丑，什么是值得肯定和赞扬的，什么是必须反对和否

---

① 习近平. 推动媒体融合向纵深发展　巩固全党全国人民共同思想基础［EB/OL］. 新华网，2019-01-25.

定的。"① 在思想政治教育方法上,他又强调"有铁的事实,好的道理,还得有耳目一新、引人入胜的表达。高明的议题设置,往往都是时机、技巧、方法的最佳运用。"② "好的思想、观念、内容,要通过生动的形式、多样的手段表达出来。"③ 对此,他还特别提出了"从时度效着力、体现时度效要求"④,加速媒体融合发展等新思想。正像习近平同志所说的,话语的背后是思想,是"道"。思想政治教育者从来不缺思想的力量,不缺乏人间正"道"。关键的问题是如何能够深入洞察受教育者的信息接收习惯,把握其心理特点,用通俗的语言和鲜活的事例,通过引人入胜的方式启人入"道",通过循循善诱的方式让人悟"道"。最终使受教育者可以将认同的价值与实践相结合,真正实现思想政治教育的"内化于心、外化于行"。

(二) 新时代为高校思想政治教育拓展新阵地

Web2.0时代,微信、微博、客户端的普及与移动媒体的对接实现了更广泛的大众传播,抢占了思想政治教育阵地,为加强和引导舆论提供了更为有效的渠道。网络世界和虚拟空间等一系列交流模式越来越受到大学生的青睐和关注,为思想政治教育向网络世界和虚拟空间的扩展提供了机遇。新时代高校思想政治教育突破了以往点对点的局限性,超越了时空的交往范围。通过网络进行全方位、多层次的信息交流,为话语受众提供了更便利、更广泛的教育机会。高校在网络平台上,通过图片、音频、视频等工具传播主流意识形态内容以及观点评述,增加了官

---

① 习近平.把培育和弘扬社会主义核心价值观作为凝魂聚气强基固本的基础工程[EB/OL].新华网,2014-02-25.
② 让党的新闻工作优良传统代代相传[EB/OL].光明网,2018-02-27.
③ 挺起新闻舆论工作的精神脊梁[EB/OL].光明网,2016-04-18.
④ 挺起新闻舆论工作的精神脊梁[EB/OL].光明网,2016-04-18.

微的"粉丝"（网络用语，狂热爱好者或群体）量。加之互联网是开放的、立体的空间格局，没有任何地域与身份的界限，只要有网络，人们就可以参与其中，随时畅所欲言，使用者不仅可以了解最及时的新闻动态，还可以自主发布、各抒己见、即时评价。同时，网络平台的平等性、交互性和匿名性为公众提供了前所未有的自由传播空间，满足了人们参与表达的需求。比如，高校近些年举办的讲座和晚会，都会制作一个微信实时互动的页面，现场和场外的大学生可以扫描微信二维码，在手机屏幕上写上你想说的话，大屏幕就会弹出来，实现受众的参与感与归属感。因此，新时代高校思想政治教育阵地的拓展，超越了以往高校思想政治教育时空的局限性，使高校思想政治教育更接地气，更加贴近学生群体。促进了主流意识形态在更广的范围内传播，增强了思想政治教育在高校的影响力和传播力。

（三）新时代为高校思想政治教育提供新手段

互联网的发展与新媒体技术的进步催生了大数据技术，而大数据的出现为高校思想政治教育带来了方法手段的变革。新媒体时代，大数据技术可以将汇聚于网上的海量信息进行提取、整合，最终形成富有价值的信息拼图，可以为高校思想政治教育提供技术支持。此外，大数据技术以庞大的信息池为基础，以高新技术为工具，双管齐下，不仅能够提高所需目标数据的精确度，还能在相互关联的数据中剔除无关干扰因素。在高校思想政治教育过程中运用大数据技术，有助于思想政治教育工作者第一时间把握当前舆论热点，及时了解舆论热点的未来发展方向，从而使思想政治教育主体更有效地运用主流文化引导舆论走向，保障主流意识形态传播的有效性。最后，大数据技术能够对信息池内的数据进行分类筛选，对不同信息主体的行为习惯和心理特征有更准确的把握,从而提供有针对性的话语传播手段。对"00后"(也称"零零后",指出生于2000—2009年间的人)的大学生来讲,他们作为网络的"原住民",从小就在现实生活与网络空间中穿梭,他们的话语习惯、生活态度、价值观念深受网络的影响,网络已经成为其生活的一部分。因此,可以利用大数据技术手段,从庞大的信息池中收集大学生的生活方式和心理特征等信息,在对高校大学生有着更全面了解的基础上,对其施以更合适的话语传播手段,能显著提高话语传播的效果。从对信息传播源头到话语趋势的预测,大数据技术都能凭借其庞大的数据库优势,提升高校主流意识形态话语的有效性;利用大数据技术精准定位及时锁定信息源头,有助于从源头消除不良思想隐患;利用大数据技术全程动态监控量化演变,有助于促进高校思想政治教育的针对性;利用大数据技术预测主流意识形态的安全态势,有助于高校思想政治教育的稳定发展。

二、新时代高校思想政治教育遇到的挑战

(一)西方意识形态挤压高校思想政治教育

当前,世界政治格局不断变化,我们正面临着前所未有的挑战。这种挑战不仅来自政治领域、经济领域,也来自思想文化和意识形态领域。一些西方大国凭借自己强大的经济、科技、军事实力,在世界范围内形成了话语霸权。思想文化的传播历来不是孤立的,而是具有深厚的经济、政治依托,文化的传播不仅具有经济、政治的动因,还要借助经济、政治途径。发达国家在经济全球化中的主导地位,扩大了其思想文化的影响力,使它们能更加便利地将其价值观念向其他国家渗透,用它们的价值观念和生活方式影响着这些国家,占据着思想文化上的主导地

位。西方意识形态的消极影响表现在西方资产阶级的民主观、自由观、人权观对我国思想政治教育造成的冲击，损害了思想政治教育的话语权；西方文化的颓废主义、利己主义在我国逐渐传播开来，这些腐朽的思想观念和颓废的意识形态，渗透到大学生的生活世界，对大学生的思想观念和行为模式造成不良影响，直接影响大学生理想信念的塑造。

高校思想政治教育是培养高素质人才的生命线。党的十九大报告强调，建设教育强国是中华民族伟大复兴的基础工程，必须把教育事业放在优先位置，办好人民满意的教育，号召广大青年在实现中国梦的生动实践中放飞青春梦想，在为人民利益的不懈奋斗中书写人生华章。这一重大战略部署，为新时代高校思想政治教育指明了前进方向。高校思想政治教育的首要任务和使命是高校在多元的思潮流变、多样的群体迭代、多变的社会境遇下，引领师生完成对中国社会主流意识形态的建构，促使师生实现从外部认知到内在认同、从情感接受到学理坚信、从客体教育到主体自觉等一系列转化。高校处于意识形态斗争的前沿，是各种思想文化交流、交融、交汇的地方，而青年又处于价值观形成时期，他们易于接受新鲜事物，容易受到错误思潮的影响和干扰。当前，随着市场经济体制的深层转型，经济全球化趋势的日趋明显，高校意识形态工作形势更加严峻，任务更加繁重。而且，在如今这样一个思想意识多元、情感体验多变、行为表征多样的移动互联网时代，思想政治教育信息环境更加呈现碎片直观，思想政治教育传导环境更加趋向个性色彩，思想政治教育人际环境更加注重交互融通，思想政治教育转化环境更加依赖本体悟觉。"00后"大学生已不仅仅是互联网"原住民"，他们更是自媒体一代、网络消费一族，他们对于网络也不仅仅是依赖、迷恋，还会主动运用、自发创新。特别要注意到，当代大学生还是有史以来规模最庞大的独生子女群体、留守儿童群体，他们的利益诉求、心理

43

特点需要得到更为专业的分析和更加妥当的回应，否则可能引发校园危机事件。因此，新形势下高校适应时代要求，拓展思想政治教育内容，改进思想政治教育方法，提高思想政治教育实效，创新思想政治教育理念，是关系高校人才培养质量的重大课题。

(二) 网络新媒体消解高校思想政治教育

1. 网络开放性对思想政治教育理念的冲击

传统的大学生思想政治教育中，由于教育者对教育信息有筛选掌握的主动权，思想政治教育更多地体现的是教育者的意志。而新媒体时代网络的开放性已经打破了教育者在教育实施活动中占主导地位的格局，要求高校以更加开放、创新的理念，把受教育者的需求放在首位，尊重其主体地位，变填鸭式的灌输为相互间的交流、对话，以更加与时俱进的理念适应时代的要求。因此传统思想政治教育这种凸显教育的社会价值，忽略大学生个体需求与个体价值的教育思想和观念亟须转变。

2. 网络流变性对思想政治教育内容的冲击

对于传统的思想政治教育而言，教育内容的层次性、针对性以及超前性方面还不够理想。新媒体时代，开放的网络平台空间和快捷的信息获得方式使得大学生的政治视野、知识范畴更加开阔。因此，高校的思想政治教育应及时针对教育的内容进行相应的调整。此外，当前网络信息获取的自由性和信息内容的海量性也成为大学生选择网络的一个重要诱因。而网络空间内的信息一部分是正面积极的，能够帮助社会宣传很多进步的思想，一部分信息也是消极负面的低级信息。而处在价值观塑造阶段的大学生群体极易受其影响。

3. 网络交互性对思想政治教育方法的冲击

思想政治教育工作的针对性和实效性较强，传统思想政治教育往往采取显性的教育方式,"你听我讲"的形式占据了主导地位,交流互动不是很多。虽然教育的目的和方式都很清楚,但是教育效果并不理想。随着网络技术的不断发展,网络的交互性促进了教育方式的革新,它提倡激发大学生的主观能动性,要和大学生进行及时交流,而保证师生的平等性是正常交流的前提。这就要求思想政治教育者要主动探究"00后"大学生的心理诉求和个性特征,革新教育理念、优化教育手段、改进教育方法,尤其是要对大学生的主体地位引起足够重视,教育者必须摆正自己的位置,转变自己"灌输式"的教育理念,把引导大学生思想作为教育的重点工作内容,通过这样的方式来影响大学生,保证大学生能够形成正确的"三观"。

4. 网络平权性对思想政治教育权威的冲击

毫无疑问,对于过去的思想政治教育来说,教育者拥有的知识与技能明显多于大学生,正是因为如此,他们的权威性与主动性很强。但是当前的网络数据开放、知识密集、信息全面、查找方便,"00后"大学生作为接触网络的最大、最活跃群体,在收集和传播最新信息的能力上已与思想政治教育者旗鼓相当,甚至在有些方面已经超过教育者。而且由于网络交流的隐蔽性,受教育者思想活动的独立性、选择性、多变性、差异性明显增强。开放性的信息文化、共识性的公民意识、多样化的自由选择、平权化的群体心理,都使得传统的权威模式与说教灌输需要做出调整。

(三)流行文化解构高校思想政治教育

经济全球化和改革开放后的我国市场经济的发展,是流行文化滋生的土壤。改革开放培育了开放的社会环境和文化心态,在全球化的趋势下,外来流行文化在中国大地上争奇斗艳。如以影视剧为主要类型的外来文化以其精美的制作技术、精心的情节设计和商业化的运作手段迅速抓住了大学生求新求变、反叛、个性的心理需求，不仅打开了大学生的眼界，引发了他们的求知欲，甚至一定程度上影响了他们的文化态度和价值观念。同时，大众媒体强大的传播功能和新型传播媒介的出现，使得流行文化风靡。媒体借用"连续轰炸""不断重复""制造幻影""塑造偶像"的手段来猎取和征服大众，并通过细心策划、文字修饰、技术安排、策略谋算赋予流行文化穿透大众心理的功能。网络的发达，也使得在校园封闭环境里的大学生能轻易接触流行文化。他们不用走出校园就能了解社会动态、观看国际大片，抓住流行元素。不用走出宿舍，就能网购各种时尚用品。而一些被主流媒体排除在外的文化概念和文化内容，也通过电脑、手机等媒介跨越城市、地区和国家，进入大学生的生活，并影响着他们的思想、行为和判断力。

　　高校思想政治教育宣扬的是社会核心价值体系，肩负着对学生的信念、价值观、态度及行为正确引导的功能，通过几代人的发展和继承，在文化育人过程中发挥主导作用。由于高校思想政治教育本身所肩负的育人任务，使得它更加偏重理想主义和理论化，而相较于流行文化内容的当下性和感染性，与大学生实际需求和接受特点缺乏适应性。如思想政治理论课一直是高校思想政治教育的主要阵地，大学生可以通过系统的教育获得对马列主义、毛泽东思想、中国特色社会主义理论体系的详细了解和对社会主义核心价值观的正确认识。新一代的大学生具有很强的独立思考的能力，再加上网络的普及，大学生获得知识的渠道已不局限于课堂、教材和老师，他们可以通过手机、电脑获得海量的信息，这使得他们的认知能力和思维能力得到相对发展，也对高校思想政治教育的效果提出了挑战。同时，虽然这些年高校思想政治教育出现了很多新的方式，除了课堂教学、校报和校园橱窗、校园广播等传统形式，也发展了校园网、校园论坛、微信公众号等。但是相对于流行文化的方式多样、互动性强、便捷迅速的特点,高校思想政治教育的方式不仅历历可数,而且主要依靠的仍是系统教学和正面的教育,还没有充分调动起学生的主动性、参与性和互动性。

第二节 高校思想政治教育的青年受众研究

一、高校思想政治教育青年受众的思想行为特征

(一) 青年受众的思想动态

科学分析青年受众思想动态是高校思想政治教育创新与变革的起点。就目前而言,高校思想政治教育青年受众的思想动态,主要体现在三个方面:首先,认知模式的改变。相较于传统思想政治教育的学习模式,大学生更加倾向于通过网络进行自主学习和认知,并结合兴趣来建构自己的思想理论体系,对当今时事、社会热点的关注以及对流行文化的追捧,不仅淡化了大学生对传统知识权威的尊重,也削弱了主流文化在青年受众中的影响力。其次,表达方式的转变。大学生不再秉承传统思想政治教育的正统性和严肃性,也不再遵循思想政治教育一贯严谨的表达方式,而是力求通过一种新奇时尚的语言来表达自己的观点。流行词汇的不断涌现及其在青年受众中的频繁使用,恰恰印证了这一点。最后,行为逻辑的改变。由于网络的隐蔽性和匿名性,青年受众不再限于传统思想政治教育课堂——受教育者在教育实施活动中处于被动接受地位的格局,而是习惯借助网络论坛发表个人观点,并以此来抨击课堂中

不认同的观点，这就使得青年受众出现了行为逻辑上的交错性和相悖性。因此，实时关注高校思想政治教育青年受众的思想动态是掌握思想政治教育主导权的前提条件。

（二）青年受众的心理偏好

由于网络的开放性和去中心化特点，大学生逐渐成为网络受众的主要群体，更加追求一种自我满足的心理需求过程，表现出个性化、时代性的心理特点和需求。首先，青年受众的"猎奇参与性"。作为即将踏入社会的有志青年，大学生对社会中的一切事物都满怀期待，网络的普及与便捷恰好为满足大学生的猎奇心提供了可能，这就使得大学生不仅成为社会热点的主要参与者和评论者，也使青年受众的好奇心在网络参与中得到满足。其次，青年受众的"自我表达性"。随着青年受众主体性意识的不断增强，大学生越发渴望表达自己最真实的内心感受，在虚拟的网络世界中，寻找真实的存在感和话语权，不仅填补了大学生表达内心感受的空白，而且成为大学生坚持和捍卫自己"立场"的主战场，从而使得青年受众的自我表达性得以凸显。最后，青年受众的"群体趋同性"。大学生的自我表达最终是希望得到别人的接受和认可，而网络的群体趋同能够让大学生得到一种归属感和满足感。可以说，网络社区文化的形成既是大学生亚文化的真实写照，也是对大学生获取群体认同感的真实印证。

（三）青年受众的个性特征

青年受众的个性特征主要表现在四个方面：第一，青年受众的"主体性"。新媒体时代，网络传播打破了传统媒体单向传播的特点，使得信息可以双向地交流与沟通，大学生可以借助网络自主地选择道德评判体系和自由地表达心声，因而青年受众的主体性意识更强。第二，青年受众的"交互性"。大学生既是信息的传播者，又是信息的接受者。角色的互换和身份的双重性使得青年受众能够更为积极地参与社会信息的传播，因而对社会信息具有更强的理解力，对社会也具有更强的责任心。第三，青年受众的"虚拟性"。由于受到诸多社会环境的压力以及传统教学模式所带来的困惑，他们既在虚拟的网络世界中发泄自己的情绪和不满，又会在虚拟中寻找自我最真实的一面，因而大学生在网络中表现出大相径庭的行为特征。第四，青年受众的"可塑性"。大学生尚未真正走入社会生活，对社会事件尚未形成成熟稳定的价值体系，因而高校青年受众的性格呈现可塑的一面，使得思想政治教育可以对青年受众进行人格的培养和塑造。

二、高校思想政治教育青年受众行为的影响因素

（一）时代变迁对受众话语方式的影响

互联网在改变人们生活方式的同时，改变了人们的话语表达方式。话语的变迁表明思想政治教育的环境已经发生重大改变。青年受众的话语生态、话语权格局以及话语模式无不受到时代变迁的影响。首先，传统思想政治教育话语生态一直秉承科学性、严肃性和严谨性的话语规范，时代变迁却改变了这种固有的规范，使得思想政治教育只有契合流行趋势才能赢得受众的喜爱。当前思想政治教育已逐渐呈现泛生活化、泛娱乐化的发展态势。其次，时代的变迁带来的是受教育者主体地位的改变。传统思想政治教育话语权一直为教育者所有，而网络中的话语权则被教育者与受教育者共同持有。这在很大程度上改变了教育者与受教育者之间的角色定位，使得传统思想政治教育话语权格局出现裂变。最后，网络的兴起引发了一系列新型词汇的出现。青年受众是使用流行语

最为频繁的群体,这就导致青年受众的话语模式随之发生改变。如果思想政治教育话语不能及时地契合现今话语模式的转变,必然遭到青年受众的排斥和反感。

(二)多元文化对受众心理需求的影响

多元文化的形成既是社会历史进步的结果,又是多种文化相互激荡、碰撞与融合的产物。多元文化为青年受众提供了寻求心理需求的崭新窗口,也为青年亚文化的形成带来了机遇。具体而言,多元文化对青年受众心理需求的影响主要体现在两个方面:一方面,在多元文化条件下,不同阶段的文化导向各有差异,多元文化的结构没有统一模式,处在一个动态发展的过程之中,而大学生的需要层次不尽相同,思想觉悟也不尽相同,这在很大程度上满足了青年受众追求个性和找寻自由的心理需求,使得多元文化相比传统文化更易被大学生接受;另一方面,在多元文化基础上形成的青年亚文化成为彰显青年受众叛逆心理的典型文化特征。由于出生于独生子女家庭环境的特殊性,高校青年学生很少得到感情上的支持,在心理上往往更早独立与成熟,这种独立性使得他们渴望早些摆脱来自父母的约束而在同龄人中获得认可,于是养成了以自我为中心的性格,也期待通过叛逆的方式得到家庭和社会的认可。因此,多元文化对青年受众心理需求的影响是多维度和多层次的。

三、高校思想政治教育面对青年受众的困境

(一)话语体系与受众文化不协调

与传统思想政治教育相比,当前高校思想政治教育的内容与话语表达虽然已经有了明显的改善,但高校思想政治教育在受众传播过程中依然存在着话语体系与受众文化不协调的问题。一方面,高校思想政治教

育内容依然保持着一贯的规范性、严肃性和稳定性。这与青年受众追求"新"与"奇"不同,在内容上不能充分激发青年受众的学习热情,而且对青年受众的现实指导性不强。另一方面,高校思想政治教育话语表达虽然在表现形式上有所改进,但依旧遵循着传统话语体系的传教式和灌输性,不仅不够注重青年受众的主体性和新媒体本身双向沟通的特点,也未对思想政治教育话语表达进行创新,以适应新媒体的个性化与流行性。因而其在话语表达方面依然显得单调和晦涩,不能引起青年受众对思想政治教育的兴趣。总之,高校思想政治教育话语体系与受众文化的格格不入,是高校思想政治教育缺乏感召力的重要原因。

(二)角色定位与受众主体不平等

新媒体的开放性与去中心化为青年受众提供了自由交流的场所和自我发声的平台,青年受众不再局限于"一言堂"的小格局而成为自由表达的主体。然而,高校思想政治教育主体的角色定位始终未能突破传统的局限来实现教育者与受教育者的主体间性。一方面,有些高校思想政治教育者由于受到传统观念的影响,始终未能做到自身的角色转变,教育者依然以知识权威者的身份自居,采用单向的信息灌输模式,并未充分考虑青年受众的角色地位。青年受众对教育者说教式的信息传播模式接受度不高,直接导致高校思想政治教育的实效性受到挑战,以至于阻碍了思想政治教育的创新发展。另一方面,尽管高校思想政治教育者为青年受众搭建了信息交流平台,但囿于技术瓶颈,使得青年受众并不能真正地在网络平台上发声,这就使得思想政治教育平台流于形式而未能发挥应有的作用。此外,由于教育者未能对青年受众的心理进行及时的监测和信息反馈,使得部分受众的问题未能得到及时解决,导致青年受众对高校思想政治教育缺乏信任。

（三）价值理念与受众诉求不匹配

马克思认为"人的需要是一种主观意识，但需要的内容和满足方式是客观的。需要是人对物质生活条件以及精神生活条件依赖关系的自觉反映"[1]。马克思的"需要理论"强调，作为人的与生俱来的"内在规定性"和人类一切实践活动和社会发展的内在动因，人的需要具有多样性、交互性和发展性的显著特点。进入新时代，思想政治教育的问题恰是该如何面对身处多样性的学生群、交互性的传播行为和发展性的传播环境。现实生活中，高校思想政治教育其价值理念还存在着与受众诉求不匹配的现状。首先，尽管高校思想政治教育为青年受众提供了全新的多媒体学习平台，但由于教育内容的滞后性以及教育资源不能推陈出新，使得教育平台有时会陷入一种"表里不一"的尴尬境地。大学生一旦对教育平台产生质疑或反感，思想政治教育的价值就很难得以实现。其次，高校思想政治教育由于受到传统思想政治教育理念的规制与约束，依然伴有枯燥、乏味并带有浓重政治性的教育气息，因而使得大学生对现有思想政治教育内容产生排斥和反感。最后，高校思想政治教育所选择的与爱国主义、集体主义、奋斗精神、信仰追求的相关案例有时脱离大学生的现实生活。很多案例在学生多年的学习生活中已被重复地提及，到大学时期，已经很难在学生头脑中形成新的刺激。所以，虽然当前高校思想政治教育运用了新兴的慕课、"智慧树"等教育平台，给青年受众提供了更具引导性的信息，但通过思想政治教育影响受众对世界的认识或改变受众的精神世界的效果还不太理想。

---

[1] 马克思恩格斯全集（第2卷）[M]. 北京：人民出版社，1957：164.

第三节　高校思想政治教育的现实问题探赜

一、话语差异造成思想政治教育传播性与时效性弱化

（一）网络语言产生的话语差异

网络语言伴随着新媒体信息技术的发展而产生，是大学生在网络化生存过程中逐渐形成的一种不同于传统语言的新表达形式。网络语言既是网络文化最集中的表现形式之一，又是大学生表达思想感情和进行情感交流的主要方式。从目前情况来看，传统思想政治教育话语体系与网络话语体系存在着不对称性，思想政治教育话语与网络话语存在着传播性与时效性不一致的困境。一方面，传统思想政治教育在内容和表达上存在着话语的严肃性、内容的规范性、措辞的固定性等特点，使得整个思想政治教育话语体系呈现浓厚的政治性。而网络文化背景下的网络语言则表现了话语的随意性、内容的娱乐性、表达的不规范性等特点，因而网络话语体系更具生活性和趣味性。两种不同的内容与表达必然导致教育者与受教育者之间的话语差异，也必然影响两者之间的沟通与交流。另一方面，传统思想政治教育传播专注于课程教学和学术讲堂，并通过传统的媒体形式进行宣传和舆论引导，忽略了受教育者的内心诉求和情感表达，传播时效性不强。而基于网络平台的话语传播则具有虚拟性、开放性、自主性和共享性，它不受地域和时空的限制，受教育者可以自由地表达并分享自我的主张，以便获得他人认同。同时网络的去中心化使得网络话语的传播呈现多样化和创新性的特点，这也是导致传统

思想政治教育传播滞后于网络传播的重要原因。

(二) 亚文化背景下价值观异变

"亚文化是相对于主流文化而言的,主要指非官方的,处于从属、边缘地位的群体以文化为载体对统治阶级意识形态的抗议或反叛。"[①]亚文化与大学生热情敏感的心理特质及善于接受和创造新事物的独有特征交织在一起,已然成为一种对社会生活诸多领域产生深刻而持久影响的独特文化景观。首先,大学生早已习惯于借助网络平台进行情感表达,他们渴望发声并希望获得情感认同。网络的及时性和迅捷性恰恰满足了大学生的这一需求,因而催生了很多不同于主流文化的亚文化,如"网游"文化、"二次元"文化等,这种亚文化背后所蕴含的价值观恰恰反映大学生在当代主流价值观外的一些追求。其次,教育者对大学生网络文化重视不够,并未能进行有效的价值引导,使得教育者与受教育者之间的文化出现断层,这就导致思想政治教育文化游离于青年亚文化体系之外,教育者无法有效地与受教育者沟通与交流必然导致两者思维方式的不同,从而为价值观变异提供了温床。最后,西方"普世价值"思潮在网络的大肆渲染和不断渗透中成为亚文化背景下价值观变异的重要外部因素。"普世价值"思潮在其美丽的外衣下通过利用大学生的猎奇心理和不成熟的价值判断,大肆渲染所谓的"自由至上"和"平等博爱",潜移默化地向大学生灌输西方价值观念,干扰大学生对社会主义核心价值观的接受和信仰,这也成为影响大学生价值观变异的又一个重要原因。

---

① 李媛媛. 什么是亚文化 [N]. 学习时报, 2011-04-11 (01).

二、话语主导权导致教育者与受教育者之间的权利失衡

(一) 教育者权威的不可撼动性

权威性又称专长性，是指其知识与经验具有使人信服的力量和威望。在思想政治教育中，教育者的权威性既体现在对传统社会文化的继承以及对教育知识与经验的科学掌握，又体现在教育者本人的人格魅力所赢得的信任和尊重。但在教学实践中，教育者一直秉承着传统教学理念，采用单向式的教学模式。他们倾向于按照自我经验进行教学信息的筛选，趋向于借助制度而非个人魅力赢得尊重和信任，在教学过程中总是以独白和演讲者的身份出现，把受教育者作为教育知识的对象来看待，即便在课堂的问答环节也是采取随时插入、随时打断的话语方式，使得师生之间的公共话语空间变为教师的"一言堂"，话语的单方输出也随之成为教育者与受教育者间沟通的最大阻碍。

(二) 受教育者权利意识的缺失

在思想政治教育中，话语主导权的形成不是单方面的，而是教育者与受教育者共同作用的结果。在传统教学理念的影响下，"尊师重道"成为衡量教育者与受教育者地位的主要标尺，教育者在教学过程中处于中心地位，而受教育者处于从属地位。受教育者习惯于教育者所具有的知识权威性，依赖于教育者对教育内容的选择和判定，因而形成了对教育者言听计从的盲目顺从。这不仅使得受教育者自身被边缘化，无法意识到自身权利的存在，而且无形中强化了教育者的权威性和主导性。长期以来，思想政治教育一直较多地关注教育的社会功能，强调群体的社会价值，忽视了对受教育者个体功能的教育，在内容上也是重视群体精神或集体主义精神。

三、传统主体性思维阻碍思想政治教育互动教学变革

（一）教育体制的主动性

思想政治教育体制是指思想政治教育的管理方式和教育方式，不同的教育体制反映着不同的教育观念。近年来，我国的教育体制改革取得一定成效，但就整个教育体制而言依然表现出强主动性。首先，课程设置方面，思想政治理论课依然采用大班授课的任务制教学模式。这种教学模式虽然一定程度上缓解了思想政治理论课作为必修课所产生的师资困乏的教学压力，但它并没有考虑受教育者的心理偏好和教学需求，因而教育机构无形中将自我的教学思维强加给受教育者。其次，教学考核方面，为适应上级机关的考核要求，各高校教育机构依然通过学分制或成绩制的考核方法来衡量教育工作者的教学成果，这就使教育工作者继续采用应试考试的方式来考察受教育者的学习状况。

（二）教育者自身的局限性

在思想政治教育中，教育者作为知识的传播者和布道者，其主体性地位的彰显应在与受教育者沟通与交流的过程中通过受教育者的主体性来凸显。但在现实生活中，由于教育者自身的局限性，使得教育者主体地位只能以淡化受教育者的主体性来实现。一方面，教育者人格魅力的缺失使得教育者更加依赖于通过制度性权威来强化自身的主体性，试图通过掌控教育者的主动权来维护自身的主体地位，这就意味教育者是凌驾于受教育者之上的管理者，而不是与受教育者平等的合作伙伴。身份的不平等换来的是教育者与受教育者之间的距离感，而人格魅力的缺失换来的则是受教育者对教育知识的低兴致。在这种情况下，教育者只能通过以淡化受教育者的主体性为前提来彰显自我的主体性。另一方面，

教育者自身学术水平和科研能力的局限性成为制约思想政治教育互动教学变革的又一瓶颈。由于学术水平和科研能力代表着一个教育者的教学实践能力，因而成为受教育者选择老师的重要因素。但在思想政治教育中，有的思想政治教育者在工作中表现出自卑与消极的心理，从心理层面弱化了教育者本身的主体性地位，也一定程度上影响了受教育者对思想政治学科的信任，最终阻碍思想政治教育的创新与变革。

（三）代际差异的客观影响

代际差异是由社会生活经验的不同而产生的，主要是指不同时代的人在思想意识、价值观念、兴趣爱好、行为习惯等方面存在着明显的差异。在思想政治教育中，代际差异主要发生在教育者与受教育者之间，体现在教育者与受教育者在价值观念和行为习惯等方面的差异。首先，成长环境方面，教育者与受教育者之间年龄差的客观存在性，决定了教育者与受教育者之间成长环境的差异。成长环境的迥异必然导致教育者与受教育者之间在处理交往问题方面产生冲突与对立，从而导致两者在互动交往方面存在客观困难性。其次，价值观念方面，当代教育者多在应试教育理念的影响下完成学业，深谙理论学习方法和应试技巧，即使在教学过程中也习惯于潜移默化地通过传统教育理念进行授课，而受教育者多在素质教育理念的影响下学习和成长，他们更加注重理论的应用能力和实际操作能力。价值观念的不同也在很大程度上制约着教育者互动教学的变革和对话语权的掌握。最后，创新意识方面，当代教育者对新鲜事物的接受能力以及创新意识与受教育者之间也存在显著差异，甚至毫不夸张地说，教育者的创新意识已落后于受教育者。以网络的使用为例，当大部分教育者还停留在互联网的网页浏览时，受教育者早已融入网络文化之中，两者在网络使用方面的差异造成了彼此之间在网络教育对话中的代际差异。

第四节　主体间性理论引入高校思想政治教育的可行性和必要性

一、主体间性理论对高校思想政治教育的影响

（一）交互主体性营造关怀式双向互动

主体间性视阈下思想政治教育不是源于教育者的单向灌输，而是源于教育主体之间的双向互动。在思想政治教育过程中，交互主体性营造关怀式双向互动。首先，交互主体性肯定主体性地位并把主体间性作为人的主体性在主体间的延伸。这就要求教育者在思想政治教育过程中重视受教育者的主体性地位，把知识的传输看作主体之间沟通与交流的过程，并把共同认知作为整个教育过程的落脚点和归宿。与此同时，受教育者不再是被动的知识接受者，而是敢于表达、善于交流的互动者，双方彼此寻求在双向互动中获得双向认同。其次，交互主体性强调的"交互"特征中透露着人文关怀。主体交互的过程其本质就是主体之间在思想、情感以及认知方面的交流互动。这种交流互动既包含着主体之间的相互尊重和理解，又体现着自我对他人的忍让与包容。尤其在思想政治教育中，单纯的概念罗列以及枯燥乏味的背诵只会阻碍主体之间的沟通，而情感式的教学以及关怀式的心理疏导不仅会加深教育主体之间的情感，而且能够有效推进教育主体间的话语构建。最后，交互主体性在主体性基础上所建构的"交互"不单指"主体—主体"的交互，也是指"主体—客体—主体"的交互。在思想政治教育过程中，教育主体之间的认同是对教育客体的共同认同，教育客体的话语表达及话语表

现直接影响着教育主体之间的沟通与交流。对教育客体的交互性改革和话语权的掌握恰恰是实现主体之间双向互动的有力中介。

(二) 交互主体性打造民主式和谐话语

诚如海德格尔所言:"此在之独在也是在世界中共在。他人只能在一种共在中而且只能为一种共在而不在。独在是共在的一种残缺的样式,独在的可能性就是共在的证明。"① 交互主体性在"主体—主体"关系中寻求自我与他人的共同存在。而在主体间性思想政治教育中,交互主体性之"共在"就是通过打造民主式和谐话语来实现教育主体之间的共在。首先,话语内容方面,交互主体性注重教育主体之间的话语共享,力图通过经验分享来实现教育主体之间的思想共鸣。在这种理念指导下,教育者可以切实从社会实际生活中发掘和引导受教育者的话语共享与经验分享,从而在思想政治教育内容方面赢得受教育者的理解和支持。其次,话语表达方面,"此在的本质上是共在",交互主体性在思想政治教育领域的应用可以有效地解决传统思想政治教育出现的问题,厘清教育主体之间的话语权限和角色分配,缓解话语不畅所引发的话语失效,从而以对话方式营造一种轻松愉悦的和谐教学环境。最后,话语思维方面,交互主体性思维区别于主体性思维,交互主体性思维是以复数主体代替单个主体面对客体的思维。受教育者不再是教育者的教育客体,而是教育主体的共同体,双方共同致力于教育客体的学习与研究。教育者也需要改变传统的思维方式和角色定位,真正接受受教育者的主体地位,从而在彼此合作共赢的教学关系中掌握话语权。

(三) 交互主体性创造融合式实践教学

在教育领域,交互主体性哲学概念的引入是为了解决教学模式中主

---

① 海德格尔. 存在与时间 [M]. 陈嘉映,王庆节,译. 北京:商务印书馆,2016:146-152.

体中心和主客对立的现象，以实现主体与主体、主体与客体的交流、互动、融合。在主体间性思想政治教育中，交互主体性不仅革新了传统教学模式主客对立的现状，更重要的是创造了融合式实践教学的新模式。首先，交互主体性使"以人为本"的教育理念更加贴近实际、更富有实践意义。"以人为本"既是教育者对自我的肯定，又是对受教育者的认可和尊重。主体间性的教育思想打破了传统的"我说你听""你问我答"的单调式教学方式，取而代之的是"边说边听""边问边答"的融合式教学模式。在这种教学模式中，教育者不再是知识的传播者，而是教育的启蒙者，教育者的话语也随之成为受教育者的箴言。其次，交互主体性使思想政治教育的综合性和跨学科性越发凸显。由于交互主体性给教育主体之间带来更为自由的主体性空间，思想政治教育已不再局限于书本与课堂，而与其他学科知识交织在一起甚至与社会热点相融合，这就对教育者提出了更高的要求。教育者要在思想政治教育中掌握话语权就必须具备更高综合素质和更优秀的专业素养。最后，交互主体性使得思想政治教育理论更具创新性和实践性。思想政治教育本身就是一门培养专业素养的学科，其理论最终被受教育者接受并应用于实践。交互主体性的教育思想使得教育主体之间的互动与交流更为频繁，这就为教育者在思想政治教育领域的创新研究提供了机遇，也为话语权的取得提供了可能。

二、主体间性理论引入高校思想政治教育的必要性

（一）主体间性理论使教师角色由"指挥官"向"辅导员"转变

在传统思想政治教育的课堂中，教育者习惯以知识权威者的身份自居。在他们看来，安静的课堂氛围以及埋头苦读的学子是课堂教学的最佳状态。殊不知这种状态恰恰是教育者沉溺于课堂"指挥官"最有力

的证明。而主体间性理论的引入可实现教师角色由"指挥官"向"辅导员"角色的转变。首先，主体间性理论突出了受教育者在思想政治教育中的主体地位，受教育者不仅可以随时提出自己的疑问或不解，而且可以针对问题表达自己的观点并寻求教育者的认同，这就使得教育者重视并参与受教育者的讨论中。其次，教育者的主体性地位也将由"指挥官"的身份向"辅导员"的身份转变，教育者的角色定位实现了质的飞跃，教育者不再是单纯的知识传授者，而是"传道、授业、解惑者"的合体。这就使得教育者的主体性在受教育者的主体性中得以实现，而不是在主客体的关系中体现。最后，教育者与受教育者的双主体性与教学资料构成了"主—客—主"的教学关系，这就使得教育者在课前的备课中不再是对理论知识进行精简与摘要，而更加注重双主体之间的沟通与交流，教学资料俨然是主体之间进行"对话"的工具，而不再是一份毫无生气的纸质材料。

（二）主体间性理论使教育方法由"样板型"向"研究型"转变

思想政治理论课作为高校思想政治教育的必修课，多数以公共课的形式向受教育者开放，这就形成了一对多的授课模式。在这种授课模式中，班级人数众多、专业背景各异、课程时间过长成了高校思想政治理论课最显著的特点。教学内容枯燥、教学方法单一是高校思想政治理论课长期的诟病。而主体间性理论所蕴含的主体存在的共在性和主体交往的实践性恰恰为解决这种诟病提供了可能。一方面，认识方式的交互性所要实现的是"我"的视界与"他人"视界的"融合"，是心灵层面的互动与沟通。这就使得教育者注重通过改变样板式教育内容和演讲式的课程设置来实现与受教育者在思想上的共鸣。在教育内容中设置并增加一些探讨式的主题不仅可以引导调动受教育者参与讨论的热情，而且能够引发教育者与受教育者在课堂教学中的共鸣。另一方面，主体交往的实践性使得教育者更加注重通过研究型实践教学模式来凸显受教育者的主体性地位。在实践教学中，通过教育者的指导，受教育者可以真实体验主体对客体能动的改造性和创新性，同时可以体会教育者与受教育者在实践活动中相互配合的重要性，从而实现两者在实践中的有效整合。

（三）主体间性理论使教育理念由"灌输式"向"民主式"转变

传统的思想政治教育理念建立在应试教育基础之上，以追求高升学率、高就业率为目标。在这种教学观念的影响下，高强度、硬灌输成为这种教学理念的显著特征。受教育者被强行地"绑架"到课堂中接受知识的"洗礼"，以便能够为高校的荣誉建设"添砖加瓦"。主体间性理论的引入不仅可以使得教育理念向民主性方向转变，而且能够为现代教育理念注入新的活力。首先，思想政治理论课程设置方面，小班制授课取代大班制授课拉近了教育者与受教育者之间的距离，受教育者的主体性得以凸显，而教育者的引导力也得以强化，这就为彼此之间的"共在"提供了充足的时间与空间，也为彼此的交流提供可能；其次，考评机制方面，在主体间性理论指导下的考评机制打破了以成绩为导向的功利机制，使得课程考评更加注重对受教育者综合能力的培养，这也在一定程度上体现了主体间的平等性与公平性；最后，价值追求方面，主体间性理论所追求的人的全面发展凸显了人性追求真善美的本质，也彰显了"以人为本"的价值理念。教育者不再把受教育者作为培养有世界观、政治观、道德观和法治观的对象，而是作为能够帮助其实现全面发展的榜样，因而更具科学化、民主化和人性化。

三、主体间性理论引入高校思想政治教育的可行性

（一）主体间性理论改善思想政治教育关系

从主体间性的角度看，教育者和受教育者共同作为思想政治教育的主体，双方共同作用于思想政治教育教学实践并发挥着主体能动性。对教育者而言，他们侧重于教育信息的筛选与更新，教育内容的表达与呈现，教学手段的创新与应用等；而受教育者则倾向于教育内容的选择和接受，内心诉求的表达与认同。"教"与"学"的过程是双方在心灵层面沟通与交流的过程。在这种教学关系中，教育者不再把受教育者作为教育客体，而是把受教育者放在与其同等重要的地位。教育者在教学过程中扮演着启蒙者与引导者的角色，拉近了教育者与受教育者的距离，改善了教育者与受教育者的关系；受教育者则在这种关系中表现得更为积极主动，他们不仅可以在课堂中自由地表达观点，并对相应的议题提出自己的疑问，而且能够主动地通过收集资料寻找答案。因此，主体间性理论潜移默化地改变着教育者与受教育者的角色，引导着两者在思想政治教育教学中主体性的发挥，实现了双主体间在认识方式上的交互性。

（二）主体间性理论革新思想政治教育内容

教育资源作为教育者与受教育者相互影响、相互作用的中介，其内容衡量着整个教育活动的质量与水平。在主体间性思想的指导下，高校思想政治教育内容凸显人文性、民主性、科学性和实践性，教育资源更具社会价值。一方面，主体间性肯定了教育者与受教育者的主体地位，明确了两者在教育活动中的相互关系，强调了主体之间只有共同作用于教育资源才能实现沟通与交流。这就决定了教育资源的选用必须要考虑受教育者的心理诉求和个性特征，必须根据时代发展的要求及时变更教

育素材，从而实现教育资源在信息传递过程中的人文性和科学性。另一方面，主体间性所蕴含的认识方式的交互性和主体存在的共在性使得教育者在编排和组织教育内容时更具民主性和实践性。教育内容不再是传统的理论灌输，而是以更多的形式吸引受教育者参与，并使受教育者在参与的过程中表达观点以获取认同。与此同时，教育内容不再是枯燥晦涩的理论术语，而是充满现实性与实践性的研究议程，通过受教育者在社会实践中的感悟来实现教育者与受教育者在认知方面的共在性。

（三）主体间性理论优化思想政治教育环境

主体间性理论既肯定教育者的主体地位，又尊重受教育者的成长成才之道，通过构建合理的教育范式将两者统一置于和谐的教育环境之中。首先，高校主体间性思想政治教育追求的是"教学相长"的教育理念，这就摒弃了传统思想政治教育中"此消彼长"的教育模式。它不再把教育者与受教育者视为对立的矛盾关系，而是通过运用理性交往的方式实现两者在教育内容方面的认同，进而形成两者之间良性的互动沟通与交流。其次，高校主体间性思想政治教育注重对受教育者人文素质的培养和人文精神的培育，突破了传统思想政治教育内容局限于世界观、政治观、道德观、法治观的困境，实现了人的自由而全面的发展。最后，高校主体间性思想政治教育的目标是以过程为导向，它关注的是教育者与受教育者在教育过程中所培养的世界观、人生观与价值观的统一性，并把社会实践作为检验两者共通性的标准。教育者与受教育者在实践的过程中寻求观念的认同，并通过自身的社会实践来影响和改变彼此的观点，其本身就是在营造一种合作共赢的教育环境，也易于形成尊师重道的价值理念。

第四章

发展与创新：构筑高校思想政治教育的主体间性范式

第一节 主体间性视阈下高校思想政治教育的理念原则

一、主体间性视阈下高校思想政治教育理念

（一）交往式教育实现教育主体双向平等

思想政治教育就其本质而言，是一种师生之间的精神交往活动，旨在通过师生之间的客体中介活动实现精神层面的交往。主体间性视阈下的交往式教育实现了交往与主体间性的融合，体现了教育主体之间的双向平等，最终实现思想政治教育在教育主体之间的交流互动。首先，交往式教育是有意识、有目的、有计划的教育交往活动，其意义在于通过建立交往主体之间相互理解、相互信任的关系来实现师生之间精神层面的交流与沟通。因此，交往式教育要求教育者由"复制"性文本向人本化文本转变，即要求马克思主义理论文本由学术性向通俗性转变，以便使交往话语更具生活化、更富人情味。这样既有利于受教育者接受和理解话语并与生活实际结合，又有利于体现教育者对受教育者的关心和指导，从而在教育主体之间重塑一种和谐的师生关系。其次，交往式的互动特征使教育者对教育信息的捕捉更为精准，对受教育者的内心需求也了解得更为透彻。传统思想政治教育信息多以单向传播或灌输为主，并不关心传播的效果及受教育者的接受程度，因而对受教育者的反馈并不积极，从而使传统思想政治教育处于一种"王婆卖瓜，自卖自夸"的尴尬境地，而交往式教育是教育者以平等的身份与受教育者进行互动交往，他们更关注受教育者的心理特征和情感表达，因而也就更注重梳理和引导受教育者的思想动态，这不仅降低了受教育者的防范心理，使受教育者更积极主动地吐露心声，也实现了教育者在互动交往中对话语权的科学掌握。

（二）对话式教育增强思想政治教育时效

对话意味着教育主体的"和而不同"，意味着教育主体的"博弈双赢"，更意味着思想政治教育由一方主导走向均衡。首先，对话式教育以承认教育主体之间的"和而不同"为前提，鼓励和提倡自由发声。其中，教育主体包括教育者之间、教育者与受教育者之间以及受教育者之间。这不仅改变了传统思想政治教育"一言堂"的局面，使思想政治教育由"独白"走向"对话"，由话语主导走向话语均衡，而且很大程度上实现了教育主体在精神层面的共赢，从而为思想政治教育的有效性提供了前提条件。其次，对话式教育往往围绕教学相关联的问题展开，更具实用性。教育者通过问题导向的对话形式吸引受教育者的参与并就受教育者的讨论给予点评，可以有效地使受教育者的思想认同与思想政治理论课的教学目标趋同，从而有效地实现教育主体之间的价值认同且增强话语时效性。与此同时，受教育者的疑问在讨论与对话中迎刃而解，也强化了受教育者在思想政治教育中的民主素养和责任意识。最后，对话式教育使教育主体跳出主客二分、彼此对立的二元化思维，实现了教育主体之间价值观的共同性。对话的过程也是价值观博弈的过程，通过对话，教育者可以潜移默化地影响受教育者的人生观和价值观，而受教育者也可以为教育者的价值观注入新的活力，从而实现教育主体在思想政治教育中的价值共性。

（三）民主式教育营造以人为本教育理念

民主式教育是教育者指导下的民主，是为了学习知识、形成能力和德行的民主，它遵循相互理解、彼此尊重、鼓励引导的人文关怀原则，要求教育者意识到受教育者的主体性并尊重受教育者，从而构建师生关系的民主性和主体间性。首先，民主式教育必须基于权力与权利之间的制衡，唯有如此，教育者的权力才能得到有效发挥，受教育者的权利才能得到根本保障。在思想政治教育中，教育者掌握话语权无可厚非，他们需要把控思想政治教育的发展方向，但这种权力只有建立在对受教育者权利尊重的基础上才能实现对其权力的管控和监督。其次，民主式教育充分尊重受教育者的权利，秉承"以人为本"的教育理念，通过循循善诱的方式鼓励和支持受教育者畅所欲言。最后，民主式教育力求在鼓励引导中充分调动受教育者的学习积极性和主动性，充分挖掘受教育者的学习潜能。民主式教育易于营造一种和谐友好的学习氛围，教育者的尊重和鼓励既是对受教育者自身能力的肯定，又是对受教育者不断进步的期许，因而能够自觉地推动受教育者充分发挥主观能动性，实现自我的人生价值和社会价值。

（四）引导式教育掌控思想政治教育发展

所谓引导式教育，可以理解为通过一定的手段诱发受教育者的心理预期和既定目标，并引导受教育者为实现预期和目标而不断努力的互动过程。在思想政治教育中，通过引导式、启发式教育，受教育者可以由内而外自发地向既定目标迈进并不断地自我提升和自我完善。首先，引导式教育注重启发性和引导性，注重区分受教育者的性格特质，因而采用因材施教的方式引导受教育者的世界观、人生观和价值观。在现实生活中，由于大学生对思想政治教育的认识各有不同、观点各异，因而对理论知识的接受程度也大相径庭，这种情况下，有针对性的引导式教育可以在思想政治教育中起到意想不到的效果。其次，引导式教育注重运用综合手段，特别是信息化手段，捕捉教育受众的"尖叫点"和"引爆点"，从而通过因势利导的方式强化受教育者对思想政治教育的价值认同。例如，2021年的"神舟十二号载人飞船再问苍穹""新疆棉事件""孟晚舟归国"等社会热点事件，都曾受到大学生的广泛关注和热烈讨论。教育者如果能够借助这些网络事件或社会热点来正确引导受教育者的价值观，那么它所产生的效果要远远好于教育者的直接灌输。最后，引导式教育帮助受教育者理性识别意识形态之争，掌控思想政治教育的健康发展。由于大学生心智的不成熟性，极易被不法分子利用，在这种情况下，通过引导式教育可以帮助受教育者透过现象发现事物的本质，从而正确引导大学生的健康发展。

二、主体间性视阈下思想政治教育原则

（一）"以人为本"原则

当前，"以人为本"已成为我们党新的执政理念和各项工作的指导思想。在主体间性视阈下，作为思想政治教育的基本原则，"以人为本"不再单纯地指以教育者为中心，而是更加注重对受教育者的心理

疏导和人文关怀。在此背景下,"以人为本"的科学内涵也变得更具科学性和人文性:一是教育理念的人本化。"以人为本"既是以师为本,又是以生为本,是师生相关的人本思想。在思想政治教育中,教育者不仅要做到以师为本,更要做到以生为本,坚持以学生为第一位的思想,本着一切为了学生的价值理念,去做为了学生一切的教学使命,最终做到理解学生、尊重学生、爱护学生。二是教育教学的人本化。针对受教育者的个性特点,有针对性地进行思想政治理论课教学和心理辅导,做到因人而异、因材施教。尤其是在教育教学过程中,教育者要善于搭建与受教育者平等交流的平台,创造与受教育者友好对话的机会,使受教育者愿意敞开心扉、乐于情感交流。三是教学管理的人本化。人性化的教学管理尤为凸显"以人为本"的教学理念。在教学实践中为受教育者营造一种畅所欲言、各抒己见的学习氛围不仅可以凸显受教育者的主体性地位,激发受教育者主观能动性,而且可以增加受教育者对思想政治学科的学习兴趣,强化受教育者对所学知识的认知能力和理解能力。

(二)返璞归真原则

返璞归真,意为去掉外饰,还其本质,恢复原来的自然状态。思想政治教育本是一种"人"的教育,它以真实的"人性"为基石,通过返璞归真的原则,化知识为本能,以培育一个具体鲜活、独立自主、个性鲜明的"真人"。在主体间性视阈下,思想政治教育的返璞归真体现在教育的真实性、教育的本土化、教育的生活化。第一,教育的真实性。就其本质而言,思想政治教育是为了培养合乎一定社会共同规范的"社会人"。因此,教育内容必须立足于人的自然属性和社会属性,必须符合人的需求层次理论。正如马斯洛在《动机与人格》一书中所说:"个体发展的内在力量是动机,而动机由多种不同性质的需求所组成;

各种需求之间有先后顺序与高低层次之分。"教育内容只有趋于人性化，更具真实感，才更发人深省。第二，教育的本土化。思想政治教育是中国化的马克思主义理论在教育领域的具体体现。教育内容的设置和选择必须中国化、本土化，并与当代中国实际相结合。唯有如此，思想政治教育才能被受教育者接受和理解，才能培育担当民族复兴大任的时代新人。第三，教育的生活化。人在生活中成长，生活是人的生命的存在状态。思想政治教育就是为了人更好地生活而存在，因而需要返璞归真，走入生活。教育内容的生活化不仅是指理论知识要更具真实性、具体性、贴近实际生活，而且要更具实用性，更能为人所用。

（三）双向沟通原则

思想政治教育本身就是一种沟通为主、说教为辅的思想教育过程，教育者与受教育者之间的有效沟通成为衡量思想政治教育有效性的关键。主体间性视阈下的双向沟通不仅是一种能动的互动过程，更是一种自我教育的过程。第一，双向沟通能最大限度地消除沟通障碍。由于代际差异的影响，教育者与受教育者之间往往存在着信息不对称的情况，这就造成了教育信息不到位或教育信息不被人所理解的结果。这种情况下，双向沟通能够有效疏通教育主体在信息方面的误解，消除代际差异的阻碍，最大限度地实现教育信息在教育主体之间的对称，实现教育主体在人格上、感情上、意识上的平等。第二，双向沟通提高教育信息的质和量。从质上看，双向沟通使教育信息更加准确。教育者可以在沟通过程中详细了解受教育者对信息的接受程度，并以此对信息进行补充，以保证信息准确无误地被受教育者理解。从量上看，双向沟通产生的信息量更大。传播信息在互动过程中得到分解，在流通中不断加速循环，从而使得双向沟通弥补了信息在单向传输过程中的抽象性，从而使信息内容更为具体和实际。第三，双向沟通也是自我学习的过程。教育主体在双向沟通的过程中不仅能够获得主流信息，也会获得沟通系统以外的其他的信息，这就增加了教育主体彼此学习的机会，丰富了教育主体的学习内容，保证了思想政治教育的质和量。

（四）与时俱进原则

与时俱进，不仅是思想政治教育可持续发展的内在要求，还是增强教育实效性、变革和创新教育理念的根本保障。在主体间性视阈下，思想政治教育的与时俱进表现为：第一，与时俱进体现时代性。把握时代主脉搏，体现时代鲜明特色，是思想政治教育在马克思主义理论指导下的时代主旋律。主体间性视阈下，大学生的主体地位凸显，他们需要与时代合拍，弘扬时代精神，并成为新时代的主力军。因此，思想政治教育与时俱进需要体现时代特色，需要体现新时代背景下社会主义建设对大学生提出的新要求。第二，与时俱进把握规律性。思想政治教育的与时俱进不是盲目冒进，而是有其自身规律可循。思想政治教育需要认识和把握人的成长规律、教育发展规律以及社会发展规律，通过三者的相互促进、相互融合保证思想政治教育工作的有序进行。与此同时，对国外优秀教学成果的借鉴和吸收使教育内在的规律性与外在的优秀成果相契合，最终实现思想政治教育的可持续发展。第三，与时俱进富于创新性。创新是一个民族进步的灵魂，是一个国家兴旺发达的不竭动力。思想政治教育领域的创新就是要审时度势、与时俱进，善于发现新问题、解决新问题。尤其是在主体间性视阈下，与时俱进既要为思想政治教育创造良好的创新环境，又要通过创新成果烘托其自身的先进性和创造力。

（五）合作共赢原则

新时代背景下，合作共赢俨然成为思想政治教育的新要求和新理念。秉承合作共赢的原则，教育者在传道、授业、解惑中变成学生的良师益友，受教育者在自我思索中养成良好人格，教育主体之间形成一种相互尊重、协作共赢的信任关系。第一，对教育者而言，合作共赢转变了教育者的角色定位，为教育者有针对性的教学提供了机遇。在受教育者的配合下，教育者可以准确捕捉受教育者的性格特质，有针对性地对教学内容进行合理调整，以便在传道、授业、解惑中成为学生的良师益友，得到受教育者的尊重，进而提高思想政治教育的教学质量。第二，对受教育者而言，合作共赢的原则和理念为受教育者的内心诉求和情感表达提供了释放的空间。受教育者的角色不再是被动的接受者，而是积极主动的求教者，受教育者主观能动性得到发挥，对学习的兴趣与积极性也随之增加。与此同时，受教育者在教育者的配合和指导下潜移默化地受到良好人格和思想品德的感染，会不知不觉养成良好的人格。第三，就教育主体的关系而言，合作共赢意味着在互惠互利的基础上实现共同利益的最大化。教育主体在合作共赢的原则下能够营造一种彼此尊重、相互信任的关系，使双方共同致力于思想政治理论内容的创新研究，最终实现思想政治理论学科的有序健康发展。

第二节　主体间性视阈下高校思想政治教育的系统优化

高校思想政治教育是一个系统工程，需用系统论的理论和方法来建构高校思想政治教育机制。高校思想政治教育体系是由相互作用的文化系统、教育系统、组织系统和信息系统及其诸要素构成的具有特定功能的有机整体，具有整体性、层次性、关联性和开放性的特征。在与外界环境不断互动过程中，逐步形成以文化系统为基础，组织系统为保障，信息系统为关键，教育系统为核心的四位一体的高校思想政治教育机制。

一、高校思想政治教育的系统特质

高校思想政治教育涉及学校、教师、学生等多个行为主体，受到国家、社会、家庭等各方面因素的影响，是一个相对复杂的系统工程。因此，我们有必要以系统论的基本原理为指导来分析其特质。

（一）整体性

系统的整体性原则要求人们看待和解决问题时首先要着眼于事物或事件整体，在处理整体事物或事件中某要素、某局部的时候，也必须把它们放到所在的系统中去，处理好局部与整体关系。任何的系统都是由若干要素或子系统构成，但系统整体所拥有的功能要大于各要素或子系统的功能之和。高校思想政治教育是由文化系统、教育系统、组织系统和信息系统所组成的具有内在逻辑关系的有机整体。其中，文化系统要突出"以文化人"，把培育和践行社会主义核心价值观作为高校思想政治教育有序开展的思想基础；教育系统是核心，没有完备的教育规范体系，高校思想政治教育就成了"无源之水，无本之木"，引领师生个体完成对中国社会主流意识形态的建构也变成了空中楼阁；组织系统是高校思想政治教育的保障，各级党委要担负起统筹指导的责任，抓好高校教师和学生两大群体的思想政治教育；信息系统是高校思想政治教育的关键，只有建立在互联互通、资源共享基础上的融合才是科学有效的融合。系统的效能只有从整体上才能显示出来，因此，只有各个要素相互配合，服从于高校思想政治教育的整体行为，构建协调统一的工作机制，发挥"合力"作用，才能真正提升高校思想政治教育的有效性。

（二）层次性

系统的层次性原则指的是由于组成系统诸要素的种种差异，使得系统组织在地位与作用、结构与功能上表现出等级秩序性。任何一个系统都是由两个或两个以上的特定要素结合而成，要素之间既相互独立、彼此外在，又相互联系、相互作用。运用系统分析方法研究应用系统层次，需要遵循系统内部结构的有序性，关注要素流动的层次演进以及层级关系，并不断加强层次之间的沟通与调整。高校思想政治教育的层次性就是指高校思想政治教育是一个独立的系统，构成高校思想政治教育的各要素是一个子系统，而高校思想政治教育的本身又是学校人才培养体系中的一个子系统。并且，高校思想政治教育作为一个相互关联、相互作用的整体，四个子系统的层次顺序依次为教育系统、组织系统、信息系统和文化系统。首先高校思想政治教育的重中之重便是教育系统，无论是课堂教学还是课外实践，都是高校思想政治教育"立德树人"的主阵地；其次是组织系统，只有培养造就一支具有凝心聚力思想政治教育的队伍，才能够应对高校思想政治教育中的复杂局面和严峻挑战；再次是信息系统，信息交互的多元与畅通，信息的准确、高效是高校开展思想政治教育的重要渠道；最后是文化系统，文化系统是一个长期的发展历程。因此，在研究高校思想政治教育体系时，要充分考虑其各要素之间相互作用、相互影响的关系。

（三）关联性

系统的关联性原则表现为系统通过各要素相互协调的运转去完成特定的目标。系统内部各要素之间相互联系、相互作用。每个要素的任何一个环节出了问题，都会影响其他部分或整个系统的正常工作，形成

"蝴蝶效应"。因此，高校思想政治教育系统中涉及的文化系统、教育系统、组织系统和信息系统四个子系统之间并非是孤立存在的，而是紧密联系的，既包括承前启后的呼应，又包括与其他系统的相互配合。例如，文化系统以社会主义核心价值观为引领，坚持"以文化人、以文育人"，引领高校的价值追求、行为导向和治校理念，对于组织系统、教育系统和信息系统起着重要的导向作用；教育系统建立的全员、全过程、全方位育人机制对于组织系统、文化系统和信息系统起到有力的保证作用；科学规范、运行高效的组织系统，是文化系统、教育系统和信息系统得以构建、运转和维持的重要保障；而信息系统是文化系统、教育系统和组织系统融合的关键环节，不仅可以有效整合多通道所收集的信息，信息传递机制还自始至终贯穿思想政治教育的全过程。因此，高校思想政治教育体系应尽可能全方位与多角度了解四个子系统及其发展变化，不断提升评价的信度、效度和精准度。

（四）开放性

系统科学思想认为系统本身是一个动态平衡与稳定的有机整体。每个系统的运动过程中，随着事物发展的时序而变化，在通过不断调整内部结构以达到最佳功能状态的同时，与外界环境不断地进行着能量、物质和信息的交流，以适应新的环境，维持自身的生存与发展。高校思想政治教育作为一个开放的系统，在与外界不断交换物质、能量和信息中取得可持续发展。当高校思想政治教育与外界政治、经济和社会环境的交流达到一定的阈值时，高校思想政治教育系统从原有的无序状态转变为另一种在时间、空间或功能上的有序状态，形成新的有序结构。因此，开放的系统要求高校思想政治教育系统不能关起门来开展，工作机制也应是灵活的、即时的、动态跟进的，要与我国大的经济、社会和文化环境相一致，并且能长期保持这种敏锐度和变化性。同时，高校思想政治教育体系内部的各系统之间要相互开放、相互学习、共同提高，以适应社会的发展，适应时代的潮流，使高校思想政治教育体系实现良性的动态平衡。

二、高校思想政治教育的系统结构

（一）文化系统及其要素

大学文化是高校在长期的办学实践中，经过内部要素作用和外部环境的影响，逐步形成的一种以知识及其学科为基础，以大学人为主体，展示大学文化底蕴和人文精神的独特文化形态。大学文化系统主要由物质文化、精神文化、制度文化三个子系统构成。三者在高校的教学、科研、管理、生活及各种校园活动的不停交融碰撞中形成了一种以精神文化为主体，物质文化和制度文化为多元的格局。物质文化是一个高校的显性文化，包含一个学校的整体布局，如校园绿化、校园美化等，体现一个高校的文化底蕴。精神文化又被称为"学校精神"，是文化系统的核心和灵魂。它主要包括学校历史传统和被全体师生员工认同的文化观念、价值观念、生活观念等意识形态，涉及校风、教风、学风和人际关系四个要素。校风主要表现在校训、校歌、校徽和校旗上，体现着一个学校的精神风貌。教风是教师在长期教育实践活动中形成的具有倾向性的、稳定的教育教学特点和风范，包括教师的职业道德修养、教育理论水平、教学治学态度等。良好的教风才能引导和促进优良学风的形成，学风是学生集体或个人在对知识、能力的渴求过程中表现出来的态度作风和方法措施，是学生行为规范和思想道德的综合表现。优良学风对培养与新时代共同奋斗、担当民族复兴大任的时代新人有着重要意义。人际关系主要包括学校管理层之间、教职工之间、管理者与教职工之间、师生之间以及学生之间的关系。和谐的人际关系是促进高校持续健康发展的根本。制度文化是一种管理文化,主要包括学校传统、仪式和校规、校纪、教学及管理等规章制度,体现了高校的管理思想、管理风格和办学价值导向,是维系文化系统正常秩序的重要保障。

(二) 教育系统及其要素

教育系统作为高校思想政治教育的核心,主要包括教育主体(教师)、教育客体(学生)、教育介体和教育环境四个子系统。其中教育主体是思想政治教育的承担者、发动者和实施者,主导和支配着思想政治教育的客体、介体、环境等因素。教育客体是思想政治教育的接受者和受动者,是教育主体的作用对象。教育介体是教育主体、客体与环境相互连接的纽带,包括教育内容及教育方法两个要素。教育内容是思想政治教育目标和任务的具体化,体现和反映时代特点和面貌,要适应党和国家对社会成员实施思想政治教育时在思想、政治、道德、法纪、心理素质诸方面的要求。因此,教育内容可分为政治教育、思想教育、道德教育、法纪教育和心理健康教育。政治教育是思想政治教育的导向性内容,旨在提升大学生的政治意识和觉悟;思想教育是思想政治教育的根本性内容,旨在引导大学生树立正确的世界观、人生观和价值观;道德教育是思想政治教育的重要组成部分,旨在培育大学生自觉遵守社会公德、职业道德和家庭美德,提高个人道德修养;法纪教育是思想政治教育的保障性内容,旨在筑牢大学生的法纪防线,强化法治信仰和法治思维;心理健康教育是思想政治教育的基础和平台,旨在帮助大学生走出心理误区,促进身心和谐发展。教育方法是教育主体将思想观念、政治观点和道德规范等传递给教育客体,使之内化为受教育者自己的品德意识和内在行为准则的具体形式和手段。具体包括说理引导法、案例分析法、情境感染法、自我教育法等。教育内容和教育方法之间相互联系、相互作用，共同承担思想政治教育的中介功能。教育环境是指与思想政治教育有关的历史条件、时代要求以及政策、舆论导向等大环境和思想政治教育的主体以及与主体的实践活动所必需的场地、设施、资金等。教育环境是思想政治教育系统中不可缺少的基本要素，起着条件保障作用，与教育主体、教育客体和教育介体共同构成思想政治教育完整而科学的系统。

（三）组织系统及其要素

组织系统是高校思想政治教育的保障，是学校、学院和班级三个子系统的有机结合。学校系统是主阵地，学院系统和班级系统是协同部分。只有实现这三方的有序协调与合作，才能广泛调动各方面的积极性和主动性，为高校思想政治教育发展集聚正能量。学校子系统由党委、行政部门、群团组织三个要素构成。其中党委是思想政治教育的领导者和决策者，主要任务是根据党和国家的工作重心以及上级的工作部署，结合高校实际，以教育培养时代新人为核心，公布工作指令，做出各项决策；行政部门是思想政治教育的具体实施者和执行者，其主要任务是上传下达，围绕总目标开展各种活动并进行督促、检查，将实施过程中出现的新情况、新问题、新经验及时向决策者反馈；群团组织为共青团、工会，是党联系青年和群众的纽带和桥梁，是党委最坚实的后备军和得力助手。学校是高校思想政治教育的专门机构和主要场所，是思想政治教育整体目标实现的主导力量。高校要建立和完善党委统一领导、党政齐抓共管、职能部门分工协调、基层组织具体实施、全校师生共同参与的大思政工作格局。但在实际运行中仍存在高校思想政治教育管理内涵不清、权限不明，各主体间关系不明确等问题。学院子系统由学院党组织、行政单位、群团支部和研究机构等要素构成。学院组织系统具有双重属性，既是校级组织机构的执行机构，又是学院思想政治教育的决策机构。班级子系统是大学生集体学习生活的基本组织形式，也是高校开展思想政治教育的主要平台。班级是学生与高校沟通的重要桥梁，是高校育人体系中不可或缺的要素，更是学生的一个精神共同体，应充分发挥学生的主人公作用，实现学生的自我管理、自我教育、自我成长。以上三大子系统构成高校思想政治教育相对完整的组织联系，它们既按各自的职责分别进行有序的工作，又在总目标的管理下互相沟通、互相协调，保证高校思想政治教育总目标的实现。

（四）信息系统及其要素

信息系统是加强和改进高校思想政治教育的关键，主要由纸质媒体、视听媒体和电子媒体三个子系统组成。纸质媒体作为传统的信息传播与交流方式，是以纸质印刷品为载体的媒体形态，如报纸、图书、杂志等。视听媒体是通过对人的视/听觉感官综合作用以传受双向互动为特征的媒体形态，如广播、音频、数字电视、移动电视、室外LED（电子显示屏）等。纸质媒体和视听媒体是高校信息传播的主要工具，是传播社会主义先进文化和加强思想政治教育的重要阵地，在高校中担负着引导舆论、弘扬新风、培育新人和维护稳定的重要使命。但随着网络和信息技术裂变式发展，电子媒体的突起和发展给纸质媒体和视听媒体带来了巨大的冲击和挑战。电子媒体是以现代信息技术为基础，以互联网、移动端媒体、数字报刊杂志等为主要传播渠道的一种信息媒介。电子媒体凭借其信息交流速度快、范围广、信息内容丰富、交流互动性强等优势获得受众的青睐。同时，电子媒体具有时效性强、自主选择性强等特点，使受众能在第一时间获取信息，也方便了网民的交流互动。尽管电子媒体和纸质媒体、视听媒体在信息时代不断博弈，但三者之间在竞争中也有更多的合作。电子媒体利用纸质媒体和视听媒体的载体实现长存，纸质媒体和视听媒体借用电子媒体的技术实现创新。而数字网络技术的广泛应用便是三者合作的桥梁，促进报纸、期刊与网络平台、视听终端与移动通信终端互动融通，实现差异化发展，最终从简单相"加"迈向深度相"融"，形成校园全媒体立体传播格局。

三、高校思想政治教育的系统问题

第一，在全球化浪潮冲击和市场经济影响下，高校思想政治教育面临着新的机遇和挑战，新形势下能否抓住机遇、正视挑战，关键在于能不能以"战略思维"谋全局。而部分高校思想政治教育对新问题、新挑战认识不够，准备不足，没有很好的战略思维，强调"事发应对"和"事后补救"的多，提倡"事前防范"的少，从而产生整体工作效率低下和资源浪费等诸多问题。第二，大学文化浸润心灵、引领思想，是学生成长的营养剂。当前，校园文化正受到泛娱乐文化、社会亚文化的侵扰，低俗、物欲、迷惘之风屡见不鲜，高校师生的精神家园亟须得到净化、美化。而且，在校园文化建设上还没有形成合力，亟须改变简单粗放、各自为战的分散建设模式与管理方式。第三，"大学之道，在明明德，在亲民，在止于至善。"（《大学》）大学之为大，就是在授业解惑中引大道、启大智，使学生努力成为栋梁之材。传统教育下以课堂为空间、以课程为时间、以面对面教学为固定身份关系的师生关系，正越来越多地被以网络为空间、以需要为时间、以点对点互动为随机心理关系的开放教育下新的需求关系所迁移。因此，高校能否使大学生在课堂上增强思想获得感，能否涌现令人振奋的新方法、新载体来解决育人问题，值得密切关注。第四，高校思想政治教育机制不健全。表现为对高校思想政治教育的"谁来做、做什么、怎么做"的边界不清、权限不明，这种政出多门、多头管理的模式，表面上不同部门、不同层级间都有权力，但实际上哪个部门和层级都没有绝对的资源和手段做好工作。并且，高校党委与参与思想政治教育的行政机关、群团组织及学生自组织仍存在权利义务关系不明确等问题。第五，高校思想政治教育离不开校内媒体的参与宣传，但是，在实际工作中，传统媒体打着"权威""公信"的旗号，看不起网络媒体的碎片化、随意化；网络媒体标榜"快捷"、交互，轻视传统媒体的闭锁、老态，不同类型的媒体在信息传播时容易"各吹各的号，各唱各的调"，看起来热热闹闹，实际上是各自为战。有的校内媒体互相争夺"粉丝"，削弱了校园媒体在信息传播方面的整体宣传合力。

四、高校思想政治教育的系统优化

高校思想政治教育需有系统思维，用系统的方法着重从整体与部分、部分与部分、结构与功能、优化与建构、信息与组织、控制与反馈、系统与环境之间的相互联系、相互作用中综合地研究和精确地考察对象，统筹高校思想政治教育体系四个子系统及其诸要素。

（一）树立高校思想政治教育的全局观和层次观

新形势下高校思想政治教育面对的问题和危机，往往并不是出自个别或者突发的事件，而是由事件背后所隐藏的复杂原因所引起的。故此，首先要有全局性的眼光，在判断、分析和处理高校思想政治教育面对的重大理论和实践问题时，要站在时代前沿和战略全局的高度去观察和衡量，加强统筹协调和顶层设计，调动、协调和综合一切可动用的资源、力量，树立全要素、全结构、全过程的教育理念，共同做好高校思想政治教育，实现各个要素的良性互动、各级结构的严密衔接、各个过程的有机配合。其次要去伪存真，抓住问题的本质，深究问题的根源。高校思想政治教育要拒斥认识问题的片段性思维，防止解决困境的碎片式策略。要以发展的眼光，充分考虑问题的变化性趋势，以小见大、见微知著，透过纷繁复杂的思想潮流、舆论纷争、社会现象等洞察问题本质和发展规律。最后要有长远规划，要明确高校思想政治教育的目标始终是"立德树人"。因此，高校思想政治教育要追溯到源头上，把理想信念、育人意识等贯穿于人才培养全过程。

现在，高校思想政治教育在对象、目标、内容和方法上都有了立体化分层特征，因而在实施中一要重传授，以加大思想政治教育基础知识教育为主；二要重提高，以引导思想政治教育思想升华为首要。分年级是指要根据受教育对象的年级特征的层次差异性进行分类，对不同年级大学生心理、思想及行为的问题，应区别对待；分需求是指高校思想政治教育要考虑马斯洛的"五种需求层次"理论，对受教育者的不同需要给予充分重视，对症下药，有针对性地选择教育方法、教育内容和教育目标，从教育对象的特点出发，因时、因地制宜，因人施教。

（二）增强高校思想政治教育的文化力量

大学的发展历程也是大学文化建设与积淀的过程。大学由于不同的历史背景、地域环境、学科优势、办学特色等，在文化发展过程中，逐渐呈现自己与众不同的个性和特质，形成了大学独特的文化魅力和发展优势。大学文化建设需要不断凝练、诠释和丰富大学文化的要义与内涵，阐释高校的大学精神、办学思想和教育理念，充分挖掘自身的优秀传统文化，把丰富的文化资源转化为特色文化品牌，充分发挥办学优势、行业优势、学科优势，在有效整合文化资源与推进文化创新上着力，才能形成大学文化的凝聚力、向心力和影响力。同时，高校要认真制定文化建设规划，明确文化建设的发展方向，凸显高校文化建设的特色与亮点，通过开展形式多样的系列特色文化活动，使广大师生对学校特色文化在观念上达成共识、情感上产生共鸣、工作上引起共振。

今天的大学更加走向思想多元和文化开放。当下的流行文化五花八门，所承载的文化态度和价值观念良莠不齐，因此要对其合理定位、科学管理和正确引导。社会主义核心价值观是社会主义意识形态的本质体现，凝结着社会主义先进文化的精髓，应当引领流行文化的健康发展，重塑主流文化在大学生中的影响力。在实际工作中，校运动会、毕业典礼、学校周年庆典等仪式性活动的教育功能要充分发挥和挖掘出来，增强大学生爱国情感、爱校观念、集体意识和组织能力。同时，高校可以把教学从课内延伸到课外，把教育从校内延伸到校外，让大学生走出校门参与社会实践，在实践中形成共同的价值取向和行为选择，实现知、情、行的辩证统一。此外，独树一帜的校园文化环境建设，体现着高校的大学精神和治学理念，能够激发莘莘学子严格自律与严谨治学的热情，也是创新大学文化建设、提升高校软实力的关键。

（三）提升高校思想政治教育的工作质量

高校作为意识形态工作的前沿阵地，肩负着培养中国特色社会主义事业建设者和接班人的重要使命。因此，高校必须始终坚持正确的政治导向，围绕"立德树人"这一中心环节，把思想政治教育贯穿教育教学全过程。第一，思想政治理论课是高校思想政治教育的主渠道，要从把握马克思主义理论的整体性出发，统筹思想政治理论五门课教学内容，同时在理论和实践问题上各有侧重，彰显各门课程的特色，大力推进理论创新研究和深化教育教学改革,切实增强大学生对思想政治理论课的获得感。第二,高校要从"课程思政"入手,统筹思想政治理论课和其他专业课程,深入挖掘各门课程中蕴含的育人元素、德育资源,推动全员育人、全程育人、全方位育人,要守好一段渠、种好责任田,确保思想政治教育与专业课程同向同行,形成协同效应。第三,高校要遵循学生成才规律,采用更加贴近大学生思想实际、生活实际和成长实际的工作方法和话语体系,提高思想政治教育的亲和力、针对性和感染力。同时要提升对新兴媒体的敏锐度和运用能力,使教育不受时空限制,让传统思想政治教育可以在广阔的网络空间"活"起来。第四,高校要加强教师和大学生队伍建设,引导教师以德立身、以德立学、以德施教,提升教师的思想魅力、学术魅力和人格魅力;引导大学生"内化于心,外化于行"的主体意识,使思想政治教育成为大学生自身主体认知、主体自觉、主体践行的过程。第五,高校要建立多维的资源结构,把社会组织、企业、家庭、行业专家、优秀校友等均纳入思想政治教育的育人主体,调动他们在思想引领、道德示范、价值传导和实践教育等方面的积极性和主动性,多渠道、多角度地实施教育影响,实现资源的优化配置,构建一体多元的育人格局。

(四) 推进高校思想政治教育的组织协同

组织系统建设是高校加强思想政治教育的最直接抓手。首先,高校思想政治教育要明确学校、学院和班级三个子系统的工作权责,加强三者之间的合作与协同,凝心聚力、集思广益。学校先要做好思想政治教育的顶层设计,学院和班级也要制定符合本学院、班级实际的工作条例,执行好上级决策。同时要组织定期的思想政治教育的交流研讨活动,共同研究高校思想政治教育的新情况、新趋势、新对策,明确各自职责，细化责任分工，互通信息、共同应对。其次，构建由高校各级党委和行政部门、职能部门、基层组织以及学生自组织多元主体合作共治的新格局。高校思想政治教育涉及问题的领域广、类型多，仅凭一方的力量显然不足，这就要求建立共治机制以及联建联动机制，对相关事宜进行联议、联管、联建、联调、联处，提升服务水平，形成建设合力。同时，共治要求高校思想政治教育要改变过去由党委一方主导的模式，更多地体现师生参与治理的过程和诉求，提升治理的公信力。最后，做到权力下沉，充分发挥基层组织的作用。高校要建立由全校师生员工共同组成的"网格化"治理制度，按照"领导定点、全员定责、监管定位、信息定时、纵横交错、全面覆盖"的网格化管理模式，通过"网格员"定期走访、及时排查隐患，使得高校思想政治教育着力点由运动式管理向常态化管理转变，由注重事后处理向注重事前防范转变，从而实现高校思想政治教育重心下移、阵地前移，有效提高对不同教育对象的精细化管理水平。

（五）实现高校思想政治教育的信息融合

高校思想政治教育亟须破除校内各类媒体壁垒，促进校园媒体融合。无论是纸质媒体、视听媒体，还是电子媒体，不同的媒体都有其存在的价值与理由，也有着自身的特色与优势。借助数字网络技术广泛应用，打破校园媒体之间的壁垒，促进报纸、期刊与网络平台、视听终端与移动通信终端互动融通，实现差异化发展，建设校园全媒体立体式宣传平台，是破局之道，也是必然之举。高校要从平台结合、内容聚合、人力整合、管理融合等方面制定媒体融合的总体思路和实现路径，构建资源共享、立体多元的新型全媒体传播格局。在推动全媒体平台建设时，要充分依据不同媒体的各自特点，取长补短，灵活运用。纸质媒体和视听媒体要进一步做好受众细分，呈现更加丰富多元的新闻产品，主动借助电子媒体传播速度快、覆盖面广和信息量大的传播优势，让好内容"插上"互联网灵动的"翅膀"，打造媒体的新形象，提升媒体的影响力。而电子媒体，则要主动参与纸质媒体、视听媒体内容策划和制作，不断创新宣传方式，运用图解图说、网络视频、动漫动画等形象化、通俗化、感染性强的方式，多形式、多渠道宣传高校思想政治教育工作，增强学习宣传教育的时代感、实效性、吸引力和黏着度。纸质媒体、视听媒体和电子媒体相互借力，形成全方位、多层次、多声部的主流舆论阵地，三方都达到最佳的传播效果，形成矩阵效应。此外，高校还要加快促进网络安全建设，加强网络信息安全的风险防范管理，全面净化网络空间，通过网络安全宣传教育，提高师生辨别信息真伪的能力，营造安全、健康、文明、和谐的网络环境，传播正能量。

第三节　主体间性视阈下高校思想政治教育的路径创新

一、消除话语差异，实现交互性主体融合

话语差异的形成是多因素综合作用的结果，究其原因主要表现为：代际差异、文化差异、"独白式"话语等，这些因素已经严重影响思想政治教育的传播效果。因此，主体间性视阈下要重塑思想政治教育话语体系，需要从消除话语差异和实现交互性主体融合两个方面入手。

（一）走入学生生活，实现与大学生"共境"

要消除话语差异，教育者就要走入学生生活，了解和探究学生的心理特质和价值诉求，从学生的角度设置话语，实现与大学生"共境"。一方面，根据受教育者热衷于网络的心理特质，教育者要善于借助信息技术手段走入受教育者的现实生活，收集受教育者感兴趣的网络信息并加以研究，以此了解大学生的内心诉求和情感表达。同时有针对性地关注受教育者的网络心理倾向，尤其是涉及学生群体性事件或突发性事件的网络舆论，教育者要善于觉察受教育者的心理动态及情绪反应，善于借助舆论引导或心理辅导正确引领受教育者的心理走向，协助他们发现问题、分析问题、解决问题，从而在心理层面赢得受教育者的信任。另一方面，教育者要重点关注大学生的叛逆性格和猎奇心理，充分认识这一性格与心理是形成主流文化背景下青年亚文化的根本原因。教育者只有深刻了解大学生叛逆性格及猎奇心理的成因，才能肯定、接受并学习带有亚文化色彩的流行文化，并以此为切入点走入大学生的内心世界，才能真正做到与大学生在同一语境下交流与沟通，才能真正实现教育主体之间的话语融合，从而消除代际差异影响下的话语差异，实现教育者与受教育者之间的"共境"。

(二)从"独白"走向"对话"，实现交互性话语融合

独白，很大程度上源于教育者沟通意识的淡薄。主体间性视阈下，教育者要真正掌握思想政治教育话语权，就必须从"独白"走向"对话"，实现交互性话语融合。首先，教育者要转变角色定位，切实从内心深处接受受教育者的主体性地位，肯定受教育者的话语权利，把受教育者作为教育主体来看待，而不再是单纯的教育对象，双方通过相互配合致力于教育客体并以此寻求话语共融。这既是从"独白"走向"对话"的前提，也是实现话语融合的根本保障。其次，教育者要学会培养沟通意识，变单向灌输的话语方式为平等对话，实现工具理性与价值

理性的融合。教育者既是知识的传播者，又是问题的解惑者。教育者需要通过对话掌握受教育者的情感动向，了解受教育者的思想困惑，从而帮助受教育者走出内心困境，满足受教育者的学习需求，并在交互性对话中实现对话语权的掌握。最后，教育者要学会"走出去"，变沟通意识为沟通实践。教育者只有积极主动地走入受教育者的现实生活与话语世界，善于并勤于与受教育者进行对话交流，全面、准确地掌握受教育者的话语文化，才能从根本上革新教育者在受教育者心目中的固有形象，努力让自己成为受教育者心中的良师益友。

二、适度放权话语，搭建人性化互动平台

放权是改变传统思想政治教育者权威式、命令式、灌输式的话语，为受教育者营造自由空间，进而培养受教育者的权利意识的一种方式。放权并不意味着教育者权力的消失，而是在保障受教育者权利的前提下，使教育者的话语权得到真正有效的发挥。

（一）适度放权话语，培养学生的话语权利意识

适度放权话语要求教育者对以往的教育方式做出适当改变，并要留给受教育者足够的空间。首先，教育者要树立正确的话语权意识，要深知权力与权利的辩证统一性，明白真正的话语权来源于对受教育者基本权利的尊重，接受并认可受教育者的权利，变权威式、命令式、灌输式的教学方式为民主式、友好式、互动式，善于创造教育空间以彰显对受教育者权利的尊重。其次，教育者要坚持"求同存异"的原则，既要保障自身在受教育者中的影响力，又要接受和容纳受教育者观点的不一致。尤其是当教育者与受教育者产生冲突时，切忌采用强迫性灌输或强制性打断，也不要采取漠视或忽视的态度来对待，而是要采用搁置争

议、寻找共鸣的方式缓解彼此的冲突与对立。搁置争议不代表不关心、不解决，而是采用事后教育方式进行引导。最后，教育者要担负起培养受教育者权利意识的责任，鼓励受教育者敢发言、多发言、发好言，并通过设置专题讨论等形式增加受教育者对演讲与陈述的兴趣，营造自由的教学氛围，以此增强受教育者的自我表达意识和话语权利意识。

（二）彰显话语自由，搭建人性化互动交流平台

适度放权可以实现话语自由，而要彰显话语自由，就要搭建人性化的互动交流平台。首先，高校应加强校园的网络文化建设，积极推进校园网络互动交流平台的搭建。受教育者对网络的热衷使得网络成为思想政治教育的主阵地，高校只有善于整合校园网络资源，设置思想教育理论专栏，创新思想理论宣传，充分借助微信、微博、公众号、慕课等校园平台增进与受教育者的互动与交流，才能引导受教育者把课堂中想说但不敢说的话语分享给教育者，实现教育主体之间心与心的交流。其次，高校应丰富和完善校园的人文生活，搭建人性化的交流平台。人性化的课程设置虽可以实现话语自由，但无法充分彰显话语自由。高校只有通过定期举办校园实践活动，弘扬人文精神，利用主题演讲、名师访谈、学术讨论、自由辩论、实践调研等创新形式吸引受教育者的参与热情，才能改变受教育者对学科的固有偏见，从而调动受教育者的交流热情，进而彰显受教育者的话语自由。最后，高校应设置人性化的舆论监督机制，维护受教育者的话语权利。高校通过舆论监督有效地倾听受教育者的批评与建议，可以实现学校与学生之间的平等交流，可以提升学生的话语权利意识，进而为学校搭建人性化的互动交流平台提供参考。

三、革新教育理念，营造民主性教育环境

主体间性视阈下，思想政治教育理念的革新需要在坚持"以人为

本"的前提下，实现"以师为中心"向"以生为中心"方向转变。所谓"以生为中心"，就是在开展思想政治教育过程中，坚持一切从学生出发，充分调动和激发学生的积极性和创造性，从而实现学生的成长成才。与此同时，教育理念的革新需要借鉴和吸收国外先进的教育理念，强调学生主体性、自主性和发展性，切实做到以发展学生为理论基础，以服务学生为工作导向，组织结构专门化，管理风格民主化的教育之风，注重在实际生活中培养学生的能动性和实践性，以便为受教育者营造民主性的教育环境。要革新教育理念，就要对传统思想政治教育现状做出相应改变，特别是涉及教育方式和考核方式方面，需要做到变权威性教育为民主性教育、变功利性教育为发展性教育、变理论性教育为研究性教育。第一，权威性教育向民主性教育发展。教育管理者尤其是相关教育部门应加大对教育管理的创新性研究，切实地将素质教育理念贯彻落实到教育管理的每一个环节，剔除权威性教育所产生的诟病，积极宣扬民主教育管理方法，实现管理的权威性向民主性转变。同时在立足本国国情的基础上积极借鉴和引进国外先进的教育管理方法，不断为现有的教育管理注入新的灵魂和思想，确保民主性教育的观念化、制度化、规范化。第二，功利性教育向发展性教育发展。功利性教育是以知识为中心、以单向灌输为特征的教育。而要从根本上变革功利性教育，教育者就要改变以知识为中心的传统教学理念，把受教育者作为一个实实在在的生命体，注重对受教育者生命质量的培养，关注受教育者自由而全面的发展。同时教育者要"以生为中心"不断变革与创新教育内容，切切实实地把思想政治教育作为以生命为中心的增值性教育，实现受教育者从理论素养到实践能力的真正改变。第三，理论性教育向研究性教育发展。研究性教育更注重对受教育者创新意识与创新能力的培养。教育工作者对理论性教育的革新必须坚持变繁为简的教育原则，坚持变旧为新的教育理念。教育者只有改变传统思想政治教育中晦涩难懂的理论术语和冗长繁杂的学术话语，改变传统思想政治教育中落后陈旧的教学案例，才能在立足于现实的基础上创新教育内容，在实践的基础上引导受教育者进行创新性研究，增强受教育者对创新性研究的兴趣，以便实现研究性教学的创新之路。

四、彰显角色魅力，制度性向个体性转变

主体间性视阈下，思想政治教育者的角色魅力不是先天的，而是在后天的教育实践过程中通过自身的努力形成的。教育者要彰显角色魅力，实现制度性话语向个体性转变，就需要提高自身的综合素质和能力。一般情况下，教育者的角色魅力主要体现在三个方面：政治素质魅力、师德师爱魅力、个人学术魅力。

（一）彰显政治素质魅力

在思想政治教育过程中，教育者要彰显政治素质魅力，就要提升自身的政治素养，坚定对马克思主义理论的信仰。教育者只有树立起正确的马克思主义世界观、人生观和价值观，才能对马列主义、毛泽东思想、邓小平理论的世界观和方法论运筹帷幄，才能在课堂中通过通俗易懂的语言对话受教育者、感染受教育者，赢得受教育者的尊重和认可。与此同时，教育者只有具备过硬的政治素养，才有执着的政治责任感和高度的事业心，才能以饱满的热情和信心投入自己的本职工作，才能科学地预测思想政治教育的未来发展趋势，才能切实抵制西方思潮在中国教育领域的渗透，从而彰显个人政治素质魅力，实现思想政治教育的有效性。

（二）彰显师德师爱魅力

师德，是教育者在思想政治教育中的美德；师爱，是教育者对受教

育者发自内心的关爱。主体间性视阈下,教育者只有做到以身作则、言传身教,为人师表,才能真正做到师德师爱。一方面,教育者要切实做到以身作则,言传身教。教育者的一言一行都影响着受教育者,甚至有时身教重于言教,这就要求教育者不管是在工作中还是在生活中,都要做到自觉、自重、自省、自爱,言行一致,公正、公平地为人处事,真正做到言传身教。另一方面,教育者要切实做到为人师表。师爱如父母之爱,教育者只有如慈父般地教育、批评受教育者,才能让受教育者体会教育者的真情、真心、真诚;教育者只有如慈母般地叮咛、嘱咐受教育者,才能让受教育者感受教育者的关心、关爱、关怀,进而激发受教育者的学习热情,彰显教育者师德师爱的魅力。

(三) 彰显个人学术魅力

学术魅力是让受教育者折服于教育者的一种特殊魅力。受教育者对教育者的尊重和信任往往取决于教育者的学术魅力而非制度性话语,因此,教育者要不断提升自身的学术素养,彰显自身的学术魅力。一方面,教育者应不断专注思想政治教育的理论研究。理论是学术研究的灵魂,是实践研究的动力。教育者只有专注于理论研究才能不断丰富和完善自身的学术素养,不断拓展自身的研究思路,从而在学术领域赢得受教育者的尊重,增加受教育者对新理论、新知识的研究与学习。另一方面,教育者应不断加强思想政治教育的实践研究。实践研究是学术研究的支点,是理论研究的源泉。教育者只有在理论研究的指导下注重教学实践,不断变革思想政治教育的教学方法,才能在课堂中给人耳目一新的感觉,才能增加受教育者的学习兴趣,从而彰显个人教学魅力。

五、培养创新意识,构建思想政治教育体系

主体间性视阈下,思想政治教育创新不仅要立足教学实践,紧跟时代发展步伐，密切关注受教育者成长、成才规律，更重要的是要培养教育者的创新意识，做到与时俱进，创新思想政治教育，构建新时代思想政治教育体系。

（一）把握前沿动态，创新思想政治教育理论研究

教育者要加强思想政治教育实效性，就要做到把握前沿动态。一方面，教育者要善于从思想政治理论视角洞悉和观察社会的发展，关注社会热点动态，实时解析国家的政策演变，善于将社会前沿热点与思想政治教育相融合，探究社会热点背后所蕴含的思想政治理论倾向，把握思想政治教育前沿发展方向；另一方面，教育者要致力于思想政治教育理论创新研究，切实以自身的专业领域和研究方向为起点，及时梳理和总结以往的优秀学术成果，科学预测思想政治理论的发展方向，敢于提出新思路、新方法，保证思想政治教育理论话语的科学性、先进性和实用性。

（二）立足教学实践，创新思想政治教育教学研究

主体间性视阈下，思想政治教育要实现创新，就要立足教学实践，创新教学研究。一方面，教育者要立足自身的教学特点，充分发挥自身的教学优势，不断在教学过程中根据当代大学生的特点适时调整和完善自身的教学手段，形成自身独有的教学特色。同时教育者应不断借鉴其他优秀教育者的教学经验，并在彼此的经验交流中丰富自身的教育经验，创新自身的教学研究。另一方面，教育者要在教学过程中时刻觉察受教育者群体中的效果反应，反思教学心态和教学理念，清醒地意识到现有的教学问题与不足，从而在后续教学过程中及时修正，以期实现思想政治教育在立足教学实践的基础上不断创新。

（三）坚持与时俱进，构建思想政治教育动态体系

思想政治教育是一个动态的发展过程，只有坚持与时俱进，切实在

目标理念上把握时代主题，在方针原则上找准时代方位，在内容任务上反映时代要求，在方法手段上紧跟时代步伐，真正做到"因事而化，因时而进，因势而新"①，才能引导学生运用马克思主义的立场、观点与方法，考察、分析时代命题，回应时代之问，才能使得习近平新时代中国特色社会主义思想和党的十九大精神真正"入耳入眼、入心入脑、入言入行"②，才能满足大学生个性化、多样化、多层次的成长成才需要。因此，教育者要善于从整体上把握思想政治教育的科学内涵与发展规律，沿用好办法，改进老办法，探索新办法，着力推动思想政治教育改革创新，不断增强针对性、时代感和吸引力。

---

① 一堂特殊而难忘的思政课——习近平总书记主持召开学校思想政治理论课教师座谈会侧记［EB/OL］．新华网，2019-03-19．
② 贾绪康．办实事要"入心、入脑、入行"［EB/OL］．共产党员网，2021-11-26．

第五章

范例与参考：主体间性视阈下高校思想政治理论课实践教学

高校思想政治理论课作为帮助大学生进行意识形态建设，树立正确的世界观、人生观和价值观的重要渠道，一直倍受党中央的关注。随着改革开放和市场经济的发展，新时代大学生的思想和视野都更加开阔，他们对思想政治理论课的要求不再满足于单纯的理论灌输，更希望在实践中做出自己的判断和选择。对此，中共中央、国务院颁布的《关于新时代加强和改进思想政治工作的意见》中就提出了应对措施，指出"把理论武装和实践育人结合起来，切实改革教育教学内容，改进教学方法，改善教育手段……高等学校要把社会实践纳入学校教育教学总体规划和教学大纲，规定学时和学分"。中共中央办公厅、国务院办公厅印发的《关于深化新时代学校思想政治理论课改革创新的若干意见》中进一步强调，要探索实践育人的长效机制，并要求把实践教学与社会调查、志愿服务、公益活动、专业课实习等结合起来。在教育部、中央宣传部、中央网信办等十部门印发的《全面推进"大思政课"建设的工作方案》中，又提出了加强实践育人基地建设的要求。在中央有关会议精神的指引下，各高校普遍重视思想政治理论课的实践教学，关注在实践课程教学形式、实施方法等多方面的建设，并取得了长足的进步。但我们必须清醒地认识到，我国高校思想政治理论课实践教学尚处于初步发展阶段，其实际成效有待考证，大学生对高校的实践教学方法是否满意还有待确定，目前的实践教学模式是否可持续等一系列问题需要明晰。

第一节　高校思想政治理论课实践教学的现状及成因

为了解我国高校现阶段思想政治理论课实践教学的真实现状，了解大学生对实践教学的态度及建议，我们采用问卷调查、随机访谈和人物专访等方法对京津冀地区 18 所高等院校的大学生及教师进行了实地调研。其中北京 6 所高校，分别是清华大学、中国人民大学、北京邮电大学、中央财经大学、对外经济贸易大学和首都经济贸易大学；天津 6 所高校，分别是天津大学、南开大学、天津中医药大学、天津科技大学、天津财经大学和天津理工大学；河北 6 所高校，分别是河北大学、华北电力大学、河北师范大学、河北财经大学、河北理工大学和张家口学院。本次调研共发出问卷 620 份、收回问卷 615 份、有效问卷 595 份，其中学生填写的问卷 564 份，教师填写的问卷 31 份。调查表的份数和回收率符合社会调查的基本要求。

一、实践教学实施状况参差不齐

通过调查我们了解到，受访的 18 所高校均已将大学生思想政治理论课的实践教学列入了教学计划，但实施状况与成效相去甚远。

<<< 第五章 范例与参考：主体间性视阈下高校思想政治理论课实践教学

（一）综合类、文法类和师范类大学普遍比理工类和医学类等专业性较强的大学实施得更到位

在18所大学中，清华大学、天津大学、南开大学、河北大学等高校有85%以上的学生表示学校针对大学生思想政治理论课有专门的实践教学方案，并且定期会组织学生参加演讲、观影等活动。在问到"目前几门思想政治课中（《思想道德与法治》《中国近现代史纲要》《形势与政策》和《毛泽东思想和中国特色社会主义理论体系概论》），你们学校哪些课程实施了实践教学"时，A大学选择三门以上的学生只有30%，67%的学生表示只有一门，并且所谓的实践教学只是课后完成一篇论文，还有3%的学生认为，根本没有严格意义上的实践教学。B大学则只有21.8%的学生认为以上所有课程都设有实践教学环节，有超过一半的学生表示做专业课的实践已经占用太多时间，基本没有针对思想政治理论课的实践。而C大学则有29%的学生表示四门政治理论课均有实践教学部分，还有35%的学生表示除了《形势与政策》之外，其他三门都有实践教学的计划，其余36%的学生则表示目前所修的思想政治理论课均有实践教学环节。

以上数据表明，思想政治理论课的实践教学在不同类别的高校中具有不同程度的渗透力，对于传统综合类、文法类和师范类院校，思想政治理论教育本身就是强项，其扎实深厚的学科基础为思想政治理论课实践教学的开展提供了有力保障。而理工类或医学类高校，一直致力于专业学科的建设，无论是教师还是学生对思想政治理论课的教学工作都不像对待专业课那样重视，学校缺少思想政治理论研究的先决条件，因而其实践教学不免沦为纸上谈兵。可以说，高校的历史沿革和整体的学术氛围对现今思想政治理论课实践教学的开展产生了不同程度的影响。

（二）北京高校比地方高校实施得更有力

在受访的18所院校中，北京地区6所高校都已经投入思想政治理论课实践教学的浪潮中，在四门思想政治理论课程中均设有实践教学环节，有专门的实践教学方案和实践教学学分，并在教师考核中专门设计了实践教学部分的考核。调查中我们发现，北京地区6所高校的思想政治理论课教师在实践教学环节设计方面会定期组织学生参加社会实践项目、建立实践基地、请名人做报告、观看爱国主义电影，抑或组织学生对某一课题进行微电影制作比赛等活动，实践教学取得了较为明显的成效。而天津、河北的受访高校中，只有5所高校的学生认为学校针对思想政治理论课进行了实践教学，42%的学生表示学校的实践活动只限于班干部或党员，其他学生并不知道有相关活动。

通过现场采访和资料分析，造成当前北京高校比地方高校思想政治理论课的实践教学实施更有力的因素主要是：北京高校可支配资源明显优于地方高校。开展思想政治理论课实践教学工作，不仅需要充足的资金支持，而且需要相当规模的教师资源、实践教学基地以及实践教学设备等。北京作为我国的首都和政治中心、文化中心，拥有得天独厚的资源优势，国家和教育部的拨款会及时到位，校外教学实践基地也经费充足，甚至有高校已经建立了固定的校外基地。可见，北京高校各项实践教学活动都有条件先行一步。虽然北京和地方高校在思想政治理论课的实践教学领域处于不同发展阶段，但是受访各高校在实践教学课程中均已有多次尝试，也积累了一些经验和教训，对今后更好地开展实践教学活动有借鉴和指导作用。

（三）不同科目的实施情况相差很大

在问到"目前几门思想政治理论课中，你们学校哪门课程较好地实施了实践教学"时，选择《思想道德与法治》的学生有 265 人，约占受调查学生人数的 44.5%；选择《中国近现代史纲要》的学生有 102 人，约占受调查学生人数的 17.1%；选择《形势与政策》的学生有 79 人，约占受调查学生人数的 13.3%；选择《毛泽东思想和中国特色社会主义理论体系概论》的学生有 126 人，约占受调查学生人数的 21.2%；另有 23 人表示以上课程均无实质意义上的实践教学过程，约占受调查学生人数的 3.9%（如图 5-1 所示）。

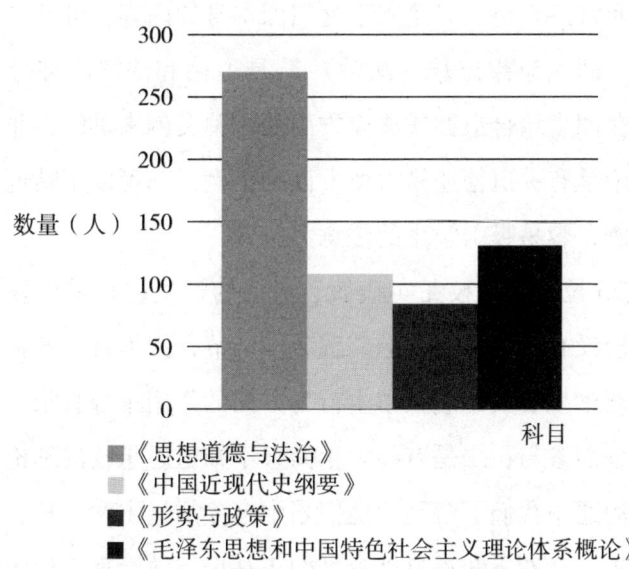

图 5-1　哪门课程较好地实施了实践教学

这组数据表明，在思想政治理论课的不同科目之间，实施情况存在显著差异。《思想道德与法治》的支持率远远高于其他三门课程。但是，思想政治理论课的每门课程所传授的知识各有侧重，课程之间没有相互替代作用，它们是一个整体，缺一不可。只有全部课程均衡发展，才能达到思想政治理论课的整体教学目的。调查中我们发现，课程本身的性质和内容会对实践教学产生一定影响。《中国近现代史纲要》和

《毛泽东思想和中国特色社会主义理论体系概论》这两门课程，学生在初中、高中的学习生涯已经有过深入的学习，容易使其产生排斥心理。很多受访学生表示原本很期待教师能够传授一些关于此课程更高层次的知识或希望教师给予不同视角的多维度解释。但从现实课堂教学来看，大学教师的授课仍以知识灌输为主，就算配合影视教学、课外参观和课堂讨论，也很难满足学生的期望值。《形势与政策》在目前调查的实践教学方式中是形式最少和频次最少的。受访中65%以上的学生表示，自己对这门课非常感兴趣，只是限于这门课本身的内容，可开展的实践教学形式有限。而《思想道德与法治》兼具道德和法律两部分，很多学生表示教师在课堂结合道德或法律方面的相关案例来讲解，非常引人入胜。而且无论是有关道德还是法律方面的案例，都可以用贴近学生生活的现实来举例，容易吸引学生的注意力。

通过对23位认为学校无实践教学活动的学生进行采访发现：一是学生认为学校没有严格意义上的实践教学环节，因为目前各种形式的实践活动在触动学生心灵、端正学生行为方面的作用十分有限，很多学生只是为混学分而参与；二是有些学生尚且不知道思想政治理论课实践教学的含义。沟通中我们了解到，他们当中有参加过主题党日、红色旅游等活动的学生，竟然不知道自己参加的正是思想政治理论课的实践教学活动。

二、实践教学体系有待完善

根据《关于深化新时代学校思想政治理论课改革创新的若干意见》精神，"要建立和完善实践教学保障机制，探索实践育人的长效机制，加强组织和管理，把实践教学与社会调查、志愿服务、公益活动、专业课实习等结合起来，引导大学生走出校门，到基层去，到工农群众中去。要通过形式多样的实践教学活动,提高学生思想政治素质和观察分析社会现象的能力,深化教育教学的效果"。另外意见还强调了建设校外实习基地的重要性。但在实践调研过程中发现,各高校的实践教学体系均有待完善。

(一) 实践教学缺乏权威、统一的教材

高质量教材是提升高校思想政治理论课教学成效的重要前提。目前国务院、教工委的发函均提到高校要根据自身的实际以及每个学院的不同情况自行制定实践教学规划,目的是给高校、学生自由发挥的空间,避免因教条式管理给学生的创造力带来束缚,但是这样做的消极后果也十分明显。一是虽然各高校的发展进程及状况不尽相同,但是对于思想政治理论课而言本身存在很多共性,所以对于课程教学形式完全可以统一安排,而且越详细越具有指导意义,高校可以在教材的指导下灵活变通,从而增强实践教学的针对性和实效性。二是我国思想政治理论课的实践教学尚没有发展到非常成熟的阶段,高校没有教学的可参考变量,自行设定必然造成教学资源的浪费以及教师和学生精力的浪费。所以,实践教学的教材必不可少。

(二) 实践教学的校外实习基地功能受限

校外实习基地,作为大学生参与高校思想政治理论课实践教学的主要载体,在整个实践过程中举足轻重。推行实践型教学模式要广泛建立实习基地,使学生真正到社会大课堂中锻炼能力。这就要求各高校把"产学研"结合落到实处,而在这方面各高校的投资力度还不够。高校思想政治理论课实践教学是一项涉及面广的系统工程。它需要社会、学校领导的重视和各部门的配合,需要人、财、物的投入和社会多方面支持,需要创造各种有利的条件。但我们在调查中发现,实习基地每学期接待的学生非常有限。一是由于高校要充分保证学生安全,因而不能一次带领很多学生进入基地。二是好多基地的基础建设没有做到位,远远没有达到国家规定的标准。

(三) 实践教学普遍采用大班教学,师资缺乏

高校思想政治理论课为全校必修课,承担该领域教学工作的一般都是学校的马克思主义学院。庞大的学生人数和寥寥的教师数量形成鲜明对比,故而高校多采用大班教学的形式。此次调查中发现,除对外经济贸易大学为30人的小班教学模式外,其余各校的思想政治理论课的教学规模都在100—120人,每位教师至少要负责三个这样的大班。这就使得教师有限的注意力和精力无法顾及每个学生,所以在课上的热点讨论、情境模拟、上台演讲等实践教学中,教师都只能顾及那些愿意主动表现的学生,而其他学生都成了"沉默的大多数"。而且大多数思想政治理论课教师教学任务比较繁重,也无暇进行富有新意、激发创意、塑造德行的实践教学课程,即使组织一些课外实践,也只能采取"放羊"的做法,很难对学生的实践活动进行全面跟踪,从而影响了思想政治理论课实践教学的效果。同时大学生迈入大学校园后,没有了课业上的压力,脱离了父母师长的监督,有些学生也很容易产生懈怠心理,在思想政治理论课的实践教学环节中不能积极参与,这类学生必然为实践教学所忽略,不能实现实践教学应有的意义。

(四) 实践教学考试结构不合理,管理松散

实践教学虽然是一种灵活的教学方式,但是作为高校思想政治理论课教学的一个重要环节,应该同理论教学一样具有学时和学分的规定、详细的教学计划和教学大纲、完备的考评体系和保障制度。而目前许多高校的实践教学活动管理都比较松散。即使规定了学时和学分,在具体

的教学过程中仍是按照理论教学来进行。课外的实践活动缺乏整体规划，不能作为教学内容的有效补充。考评上更是没有形成科学的考核体系。课上实践主要采用任课老师给每个学生的课下作业打分数的方式，随意性较大。课下实践也只要求学生上交社会实践调查报告，而对实践报告的完成质量没有具体的要求。调研中我们的问题"你认为当前思想政治理论课实践期末成绩是否能够反映学生的思想素质的实际情况"时，只有15位学生认为"完全可以"，约占受调查学生人数的2.5%；而认为"完全不能"的学生却有80位，约占受调查学生人数的13.5%；认为"应该可以"的学生有111位，约占受调查学生人数的18.7%；认为"有一定局限性"的学生有389位，约占受调查学生人数的65.3%。以上统计数据表明至少有78.8%的学生认为期末考试成绩对客观反映学生的思想政治素养有失偏颇。而无论是思想政治理论课本身还是针对课程设置的实践教学环节，最终目的都是帮助学生提高思想政治综合素养，如果考核标准存在偏差，势必不能客观呈现课程的教学效果，也不能激发学生的创造热情。

三、学生满意度有待提高

调查中，在问到"你认为是否应当加强思想政治理论课实践教学环节"时，"赞成"学生为119人，约占受调查学生人数的20%；回答"可以接受，但是应改善方式方法"的学生有385人，约占受调查学生人数的64.7%；有82人表示"没有太大必要"，约占受调查学生人数的13.8%；还有9人认为"无所谓"，约占受调查学生人数的1.5%（如图5-2所示）。

分析数据表明，无论是哪类高校，学生对于把实践教学融入思想政治理论课的教学当中的做法总体持肯定态度。但是对于已经开展的实践

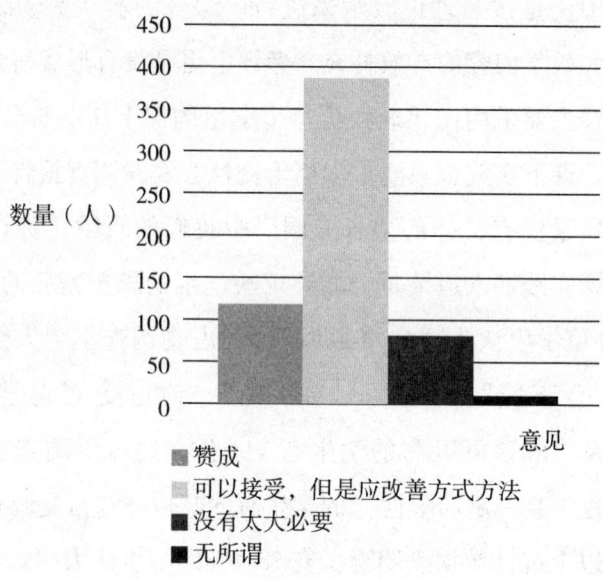

图 5-2 学生对加强实践教学的看法

活动，学生满意度偏低。为了全面了解学生的意愿，我们专门对持有"没有太大必要"和"无所谓"这两类态度的学生进行了现场采访。其中有 34 名学生表示不是对实践教学本身持否定态度，而是认为是否加强实践教学对于能否提高学生的思想政治理论水平、提升人格修养、提高解决问题的能力和综合素养并无必然联系。造成学生这种心理的原因主要有以下两个方面。

（一）忽视了学生的主体性地位

根据《关于深化新时代学校思想政治理论课改革创新的若干意见》，在思想政治理论实践教学过程中，要"充分发挥学生学习的主体作用，激发学生学习的积极性和主动性""教学方式和方法要努力贴近学生实际，符合教育教学规律和学生学习特点"。可见，实践教学的具体实践主体是高校学生，因而了解学生的思想现状、行为特点、实践需求以及对实践活动的态度等是开展实践教学的先决条件。现实却是教师只会根据自身的整体教学任务和进度安排学生的实践教学计划,省略了和学生的沟通了解工作,势必造成学生的厌烦情绪,使学生参与思想政治理论课程实践活动的热情大打折扣。在调研过程中我们还发现,很多学生希望学校和教师针对男女生的不同心理特点、行为方式、擅长领域等制订相应的实践教学方案。目前的实践教学工作全部是对学生整体的设计考量,存在学生互补作用有余而差异化培养不足的缺陷,需要予以重视并进行改进。

(二)教学过程与提高学生思想政治素养相脱节

根据《关于深化新时代学校思想政治理论课改革创新的若干意见》,高校思想政治理论课的实践教学应该"指导学生运用马克思主义世界观和方法论去认识和分析问题""引导学生树立高尚的理想情操和养成良好的道德品质""帮助学生了解国史、国情",所以实践教学的落脚点要放在全面提高学生的综合素养上。但在实际执行过程中,存在为实践而实践的现象。在受访的学生中,有一半以上的学生表示,在实践任务完成后,学校的验收标准就是提交论文或实践感受。教师基本不会根据活动的开展情况和学生进行沟通交流,也不会听取学生对于活动形式、成果的反馈意见。

综上所述,高校在思想政治理论课实践教学过程中,由于缺乏对学生的全面深入了解,往往陷入一厢情愿的尴尬境地。

四、实施效果不尽如人意

调查中,在问到"你对学校开展的公益活动、社团活动、文体活动、德育主题活动、技能大赛等感受如何"时,有24%的学生认为活动比较多，形式丰富，肯定了实践教学活动的价值；超过42%的学生认为活动比较多，但是吸引力不足；约30%的学生认为活动较少，影响不大；还有4%的学生认为这些活动没有影响。从调查数据中我们看到，积极肯定现阶段开展的实践教学活动的学生人数不到三成，大多数学生对实践教学活动的教学效果持怀疑态度（如图5-3所示）。

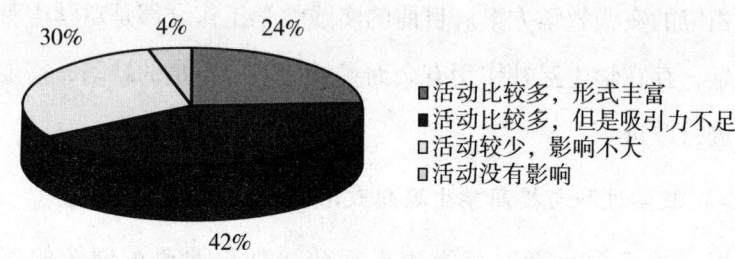

图5-3　学生对实践教学的总体感受

调查中，当问到"你认为学校思想政治理论课的实践教学开展状况如何"时，表示教学"效果很好"的学生占受调查学生人数的12%，表示教学"效果一般"的学生占受调查学生人数的68%，"效果很少或没有"的占受调查学生人数的19%，"其他"为1%（如图5-4所示）。

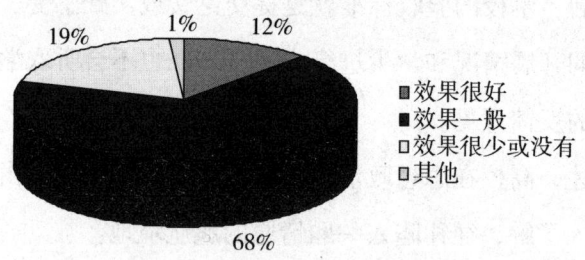

图5-4　学生对实践教学效果的评价

从数据中我们可以看出，调研中的几所高校均设置了思想政治理论课的实践教学活动。但是认为"效果很好"的学生为数不多。大部分学生感觉教学"效果一般"甚至是"很少或没有"。从中我们不难发现，如今的实践教学模式存在的问题还很多，还有大部分学生对实践教学活动的价值和效果表示质疑。实践教学活动的质量不高，没能够做到把教学内容影响到大学生的实践活动中去，没能达到"行知合一"的教学目的。

分析其原因：一是现在社会普遍存在就业压力大的情形，高校也将学生就业率放在显著的位置，因而导致很多学生对就业有切实帮助的专业科目十分重视，而忽视提升其内在修养和综合素质的思想政治理论课；二是当前很多高校思想政治理论教师的授课方式依然与初、高中教师的授课形式雷同，注重"填鸭式"的灌输，缺少创新性的启发和引导，从而使得思想政治理论课实践环节形同虚设。

第二节 国外德育教育经验与我国青年思想行为分析

一、国外德育教育对高校思想政治理论课实践教学的启迪

（一）美国

美国高校的德育教育主要采取课堂教学、课外活动、社会实践、校园文化、心理咨询、大众传媒等多种手段，具有政治性、多样性、广泛性和实践性的特点。在实践教学方面美国高校不仅积极引导学生参加反对战争、维护和平、保护环境等社会政治活动和社区服务、志愿者活动等社会服务类活动，还为学生参加此类型的活动提供了制度上的保障。

以俄亥俄州立大学为例，学校和周围社区没有围墙的阻隔，学生可以走出校门服务社区，学校和社区形成一个联结体。学校还将学生在本科生期间的社会服务活动纳入培养方案，以保证大部分学生都能通过此类活动得到锻炼。还有的州通过专门的法案来支持学生的社会服务活动，或规定必须参加此类活动才能毕业。有些州甚至建立了大学的跨区域联盟，以指导和协调各学校在全国范围内的社会服务活动。美国政府推行的为社会服务的"城市年"计划，也得到美国许多高校的积极响应。在制度的保障下，美国高校学生都对社会服务活动抱有积极态度，学生中约有一半都参加过各种类型的社会服务活动。

（二）英国

英国高校的宗教课和道德课是其主要的德育课堂，但是在教学过程中，老师被要求必须以"中立"的方式来讲授课程内容，鼓励学生自我反省，探求正确的道德和价值观念。除了专门的德育课堂外，英国高校的德育教育广泛渗透在文学、历史、艺术、体育等课程中。例如通过音乐课发展学生的自信心和责任感，在体育课上培养学生的公平感和协作精神，在历史课上激发学生的爱国热情。英国大学对校园的布置也十分地讲究，非常注重校园环境对学生的熏陶，著名的牛津大学就以其优雅的校园文化引发无数学子的向往。教师的个人品质和修养也是英国大学非常重视的，强调教师要以自己的政治态度、道德品质和行为方式来影响学生的个人品格养成。作为世界导师制发源地的牛津大学就规定，每名导师负责二十名学生，导师不但要求学生的学期成绩好，还必须有良好的品德和社交能力。

（三）日本

日本德育教育的突出特点是其建立的大德育体系，即以学校教育为核心，在家庭和社会密切配合下，通过学校、家庭、社会的道德合力形成的"三位一体"的德育体系。日本高校非常重视体验性的德育教育，包括自然体验、例行活动、家庭劳务体验和耐苦生活体验。这些活动让学生置身于自然环境或艰苦生活条件下，进行真实的生活体验，不仅培养了学生的独立意识、吃苦耐劳精神，也增强了学生的组织能力和应变能力。日本高校不仅为学生的德育教育准备了丰富的课内和课外活动，对老师的要求也非常严格。例如，日本大学的教授还会面临来自用人单位的压力。大公司会将毕业生的导师情况录入计算机，如果此毕业生在工作过程中出现道德问题，公司就会减少对该教授的资助，甚至拒绝录用其培养的学生。在家庭方面，父母不仅通过自身的言传身教来影响孩子的道德发展，还会通过记录家庭德育教育的教育手册和家庭教育笔记跟学校保持密切的联系。各社会团体、社区和企业也紧密配合学校的德育工作。

（四）韩国

韩国高校一直强调道德教育的"自律性"原则，所以实践活动不仅包括学校实践活动，还包括以自律活动为重点的学生实践活动。这些自律活动包括培养学生自我生存能力的自我教育，培养学生思维能力的创新教育，培养学生个人品德修养的环保教育等。在这些活动中，学生通过自我判断、自我思考和自我行动，主动地接受德育教育。"明星"教育法也是韩国德育教育的一大特色。娱乐业发达的韩国，产生了众多的歌星、影星，这些明星在高校学生中的影响巨大，其语言、行为和穿着都会引发学生频频效仿。"明星"教育法正是利用了这种"明星效应"，通过邀请明星来校演出或演讲的形式，对学生进行道德教育。被邀请演出的明星会在现场互动中对学生提出一些中肯的意见，鼓励学生坚持梦想、努力学习等。明星还会通过演讲的方式，讲述自己成功的历程，以此来激励学生。韩国德育课的考核也力求多样化和全方面，不仅要通过传统的笔试形式来考核学生的道德认识，还需要考核学生的道德信念和态度、道德思考能力、道德实践能力。这样的考核要求也促使了教师素质的提高，韩国的德育教师都需要经过专业系统的训练，取得专门的德育课教学执照。

二、我国高校思想政治理论课实践教学青年受众的思想行为

（一）我国青年受众的思想动态

科学分析受众的思想动态是我国高校思想政治理论课实践教学创新与变革的起点。就目前而言，我国高校思想政治理论课实践教学受众的思想动态主要体现在三个方面：

首先，当今大学生是伴随着经济全球化和改革开放的深入成长起来的一代人。市场经济发展和社会信息的逐步开放和透明化，使得我国大学生对社会的认知更加丰富和趋于理性化。从主流上看我国大学生有着鲜明的爱国意识和民族情感。他们关心国家前途和命运，维护祖国的尊严与荣誉，关注社会现实问题的解决。他们思想活跃、朝气蓬勃，对生活和未来充满信心，对社会公益活动有很强的参与意识。如2022年北京冬奥会期间，他们踊跃担任志愿者工作；武汉新冠肺炎疫情、郑州特大暴雨发生后，他们积极响应号召，支援灾区。同时，市场竞争的压力和利益关系的复杂多变，让我国大学生更加务实，以个人利益和个性发展作为追求和崇尚的目标，这使得大学生的政治理想和价值观有功利化倾向。如有些大学生把入党作为实现个人发展的一种手段；把担任学生干部参加社会活动，作为锻炼自己和提高就业竞争力的一种途径；把学

习的目的定位在将来找一份收入丰厚的工作；把物质或金钱作为个人价值的衡量标准，在生活中追求享受、攀比消费、赶潮流消费等。这就迫切要求我们在思想政治理论课实践教学改革中对我国大学生进行正确的价值观教育和理想信念教育。

其次，随着网络的普及和教育民主程度的提高，传统的教育模式和学习模式发生了根本改变，当今大学生获取信息更加快捷、渠道更加宽广。知识量的极大丰富和创造力的提高，使得他们见多识广，心智发展超前，对事物有自己的独立见解，较早拥有了明确的个人成长计划。他们大多崇尚创新和探索，更习惯于经过亲身实践来接受理论和经验，而不是被动接受单向的知识和观念灌输。他们喜欢自我定义生活的各种元素，奉行"个性至上"和"自由平等"，敢于追求自己的合理利益，重视自身能力的培养和竞争意识的树立。但他们过于关注自我的意识，追求个性的张扬，这容易导致他们在团队活动中一味追求自我表现，不易接受他人意见，在自我控制、沟通协调、忍耐包容、团队协作能力等方面还存在明显不足。同时，部分大学生呈现心理承受能力和抗挫能力弱的特点。他们的成长道路大多较为平坦和顺利，虽然看起来外表坚强，实则内心脆弱，依赖性强。而当他们面临学业、生活、感情等方面的挫折时，有些人就会感到焦躁不安，不知所措，很容易造成心理失衡，导致各种不健康的心理问题，这都是我们在思想政治理论课实践教学改革中需要关注和引导的。

最后，大学生出生、成长于网络时代，互联网信息的丰富性和开放性正迎合了他们对知识、信息的迫切需求。信息通过音像、图文和其他网络语言在网络上的多样化展现，符合大学生快节奏的生活方式，符合他们追求个性、紧跟潮流、表现自我的强烈诉求。同时，我国大学生中间普遍存在一种"浅阅读"的文化现象，即以简单轻松甚至娱乐性为最高追求，阅读形式快餐化、跳跃化、碎片化，以此来满足自己对获取信息效率的需求。而互联网上的信息良莠不齐，各种不同的观点、文化、价值观，甚至随时可能出现消极的、不健康的思想观点，这无疑对大学生辨别真伪、善恶的能力提出了极大的挑战。而且在网络的虚拟世界中，容易使人丧失现实感，混淆虚拟和现实世界，逃避现实、迷失方向、丧失目标。大学生尚未真正走入社会生活，对社会事件尚未形成成熟稳定的价值体系，因而大学生的性格呈现可塑性的一面，使得高校思想政治理论课实践教学可以对大学生进行人格的培养和塑造。

（二）我国青年受众行为的影响因素

我国青年受众所表现出来的行为特征是社会各个方面综合作用的结果。科学剖析青年受众行为的影响因素是系统构建我国高校思想政治理论课实践教学体系的重要依据。总体而言，我国青年受众的行为特征主要受到社会环境、教育环境、家庭环境因素的共同影响。

1. 社会环境的影响

时代的发展变化对青年的价值观和行为方式有着重要影响。在全球化的客观趋势下，互联网技术迅速崛起，渗透于人们社会生活的方方面面。网络的普及时期恰逢我国大学生成长的关键期，网络的透明、快捷，网络的交互性、平等性，使他们有更多机会发表自己的见解，民主意识、权利意识、参与意识大为提高。而网络信息内容的开放、不可控，网络沟通的虚拟性，使他们在享受网络海量信息的同时，人生观、价值观、世界观也受到了多元文化的影响。同时，我国大学生的成长期是我国社会主义市场经济不断完善的重要时期，竞争机制的引入带来经济的快速发展，人们的利益观念不断深化，就业、生活压力与日俱增。而转型社会中的利益关系调整、收入差距扩大、公平与效率失衡、市场主体的逐利行为等问题对于大学生的思想价值观念不免产生影响。

2. 教育环境的影响

我国大学生一代从出生便开始享受经济发展和社会进步带来的丰厚成果，尤其是教育体制的一系列改革，使中国教育慢慢脱离死记硬背、思维定向的模式，迈向注重个性素质和创新能力的学校教育。在先进的教育理念和宽松自由的教育氛围中，我国大学生的个性鲜明，思维开阔灵活，善于独立思考，不会轻信盲从，渴望探索，富于创造力。他们在学习之余发掘自身潜力，兴趣爱好广泛，拥有更多特长，这也使他们更加自信。同时，随着改革开放的不断深入，经济全球化浪潮中与外界全面频繁地交流，让大学生从小就接触西方的政治经济文化，接受中西合璧的新型教育模式。他们的思想更为开放，易于接受新鲜事物；他们崇尚创新与探索，反对因循守旧。

3. 家庭环境的影响

由于大多出生于独生子女家庭环境的特殊性，当今大学生的父母多为70后（1970—1979年出生的人群），是1978年实施改革开放政策最先惠及的一代，是思想开放、知识丰富、视野开阔的一代。大学生的家庭突破了很多的传统，父母的生活态度有了很大改变，他们主张独立与开放，追求的是成功的事业与高质量的生活。他们相对比较开明，更能与孩子沟通，支持孩子的一些探索行动。这样对大学生来说，虽然缺少伙伴，但由于和父母沟通更多，世界观、人生观和价值观都成熟较早，在心理上和精神上他们显得更加独立自信。同时，生活在知识经济时代，面临方方面面的竞争与筛选，我国大学生有着强烈的求知欲与对成功的渴求。同时产生了巨大的精神压力，这种压力来自社会、家庭对他们的期许，也来自其过高的自我定位。然而，独生子女的特殊身份导致了他们自小就受到过多的关爱，生活条件和家庭环境相对优越，当今大

113

学生多数没有经受过生活的磨砺。生活经验的缺失、社会阅历的浅薄，导致了他们思想的深度、能力的强度不足，抗压能力和抗挫折能力较弱。从某种意义上来说，大学生成了矛盾综合体。他们的成长需要社会、学校、家庭的继续指导和帮助，以使他们走向真正的成熟。

第三节 高校思想政治教育理论课实践教学改革研究

一、建构高校思想政治理论课实践教学模式

理论联系实际是高校思想政治教育理论课的基本要求，也是思想政治教育人才培养的基本方向。思想政治教育担负着传播马克思主义理论和社会主义主流价值观的重要使命，马克思主义最本质的特点就是实践性，因此，马克思主义理论的传播就不能是单纯的理论教育模式，它内在的要求与实践相结合，在实践中深化理论的传播，这也要求高校思想政治教育理论课必须创新教育教学理念，科学构建实践教学模式，培养满足社会需求的高端人才。

（一）实践教学的目标定位

1. 知识目标

知识目标是高校思想政治教育理论课实践教学的基本目标。通过开展实践教学，实现大学生"知"与"行"统一，升华对马克思主义理论和社会主义主流价值观的理解。同时，实践教学可以让大学生能够接触和体验纷繁复杂的社会现象，随着对现象的认知、问题论证来理解理论、验证理论，从而提高其理论水平和实践能力。

2. 能力目标

能力目标是高校思想政治教育理论课实践教学的核心目标。通过让大学生开展对爱国教育基地的参观访问或社会问题的调查研究，可以培养大学生的观察、分析和解决复杂问题的能力和开拓进取的精神；通过让大学生全程参与实践教学的策划和组织活动，可以锻炼大学生的创新能力和领导能力；通过让大学生实施各种社会公益活动或社区服务，可以使大学生在切身体验和感受中增强把道德法律认知转化为道德法律行为的能力。

3. 素质目标

素质目标是高校思想政治教育理论课实践教学的终极目标。实践教学可以帮助大学生在参与实践活动的过程中了解社会，认识自我，坚定理想，明辨是非，树立科学的人生观、价值观和积极的人生态度，增强奉献精神和社会责任感，培养团队意识和协作精神，增强大学生的实际操作能力和人际交往能力。实践教学活动搭建的各类教育实践平台，还可以引导大学生深入思考和探究现实生活中的道德和法律问题，提出解决问题的办法，提升内在的道德和法律素养。

（二）实践教学的功能作用

1. 促进学生道德提升

加强思想道德修养的过程，是从道德理论中学习、实践、提高，再学习、再实践、再提高，循环往复、不断深化与发展的过程。大学生马克思主义道德观和法治观的确立，实质上是大学生在实践的过程中，把马克思主义理论和社会主义主流价值观的内容内省为信仰、外化为行动的过程。因此，只有让大学生将书本知识与社会实践相结合，才能促使大学生实现从道德意识到道德行为的飞跃，真正实现"知行合一"。

2. 磨炼学生坚强意志

大学生的成长道路大多较为平坦和顺利，一般缺乏社会历练和社会经验，呈现心理承受能力和抗挫能力弱的特点。开展实践活动，正是磨炼大学生意志力的好时机。同时，大学生在对实践行为反思时，会学会做人做事，诸如人际交往、团队协作等能力都会得到锻炼和提升。实践中，大学生还能体验工作的艰辛和生活的不易，从而使他们更能理性地辨别是非、辩证地看待问题，树立克服困难的信心，增强承受挫折、战胜困难、适应环境的综合能力。

3. 增强课程教学实效

高校思想政治教育理论课的教学内容从根本上说是对社会实践活动的抽象和概括，具有鲜明的实践性特征。因此，在教学过程中我们既要把理论讲清楚、把道理讲明白，又要结合社会新形势、新问题，有针对性地对大学生进行主题教育和专题教育。通过实践教学，让大学生能在内心深处形成对马克思主义理论和社会主义主流价值观的认同，确立明确的是非评判标准，树立正确的价值观和人生观，实现自我教育和自我约束。

（三）实践教学的设计思路

1. 实践教学与课堂教学相结合

高校思想政治教育理论课实践教学应注重课堂教学，为课堂教学服务。课堂教学应紧密结合理论与实际，多组织学术论坛、案例讨论、问题研读等形式，将课程学习和实践活动有力结合，通过开放式教学开拓大学生的学术视野，多层面培养大学生认识问题、分析问题和解决问题的能力。通过实践体验引导大学生深刻体会马克思主义理论的强大生命力，使大学生对马克思主义理论和社会主义主流价值观做到真学、真懂、真用。

2. 实践教学与人才定位相结合

高校思想政治教育理论课实践教学的方案设计要根据专业的人才培养方案来制定，实践教学的主题也要根据大学生的不同认知发展水平阶段而设计。实践教学过程中要因材施教，根据大学生不同生源地、不同的兴趣爱好及特长、不同专业方向，进行差异化的实践分组，以培养优秀人才为导向，制定合适的实践活动形式，以增强实践教学活动的成效。

3. 实践教学与学生实际相结合

高校思想政治教育理论课实践教学应结合人才培养目标与社会需求来确定实践教学的主题，突出活动的实践性主旨，让大学生开展实践与交流。在实践教学过程中要突出学生的主体地位，尊重学生的个性和创新思维。在具体实践教学方案制订之前，做好大学生心理、行为现状的调查工作，了解大学生对活动的期待，实践方案在制订过程中应充分听取大学生的意见，并实时反馈。使大学生在社会实践中学会自我约束、自我锻炼、自我评价，在实践活动中得到成长。

（四）实践教学的组织实施

1. 做好前期准备

高校思想政治教育理论课实践教学准备阶段的主要任务包括：确定选题、制订实施方案、提前动员等。开学前，教研室要集体讨论，确定本学期实践教学的主要选题，制定实践教学的指导大纲，设计周密的实践教学实施方案；学期初，教师要进行社会实践目的、意义的广泛宣传，将课程概况和实践教学计划要求向学生做介绍，并征求学生的意见，把教学目标、任务提前让学生知晓；实践教学活动开展前，还要有针对性地对学生进行文献搜集、调研报告和论文写作方面的培训，提出具体的要求并及时征求学生的意见。

2. 认真组织实施

高校思想政治教育理论课实践教学在实施过程中，首先要选择实践内容，根据学生不同生源地、不同的兴趣爱好及特长、不同专业方向，进行差异化的实践分组，制定合适的实践活动形式，帮助大学生在参观访问、专题研究、主题调研等方式上自由选择。其次要根据具体的实践内容采用切实可行的实施方式，如在专题调研中根据选题既可以采用集中组织的形式，又可以分散进行；而社会调研既可以分小组独立进行，又可以与专业实践活动结合起来进行；参观访问既可以邀请相关专家、典型人物到学校做报告，又可以让大学生到红色爱国教育基地进行参观学习。

3. 进行评价总结

高校思想政治教育理论课实践教学的评价总结工作主要包括对实际成果如学术论文或调研报告的评价、组织各种形式的实践总结活动等。教师要认真对大学生写作的调研报告或论文进行批改，综合学生日常思想、行为素养和他们在社会调研过程中的组织、实施、评价及成效诸多环节的考察情况客观评定成绩；还可以组织大学生举办研讨会、报告交流等形式对实践成果进行总结，从而激发大学生参与社会实践的自觉性、主动性和积极性。同时，教师要善于总结分析历次实践教学中积累的经验和存在的问题，从而科学构建实践教学模式，拓展实践教学范围空间，提升实践教学层次。

二、创新高校思想政治理论课实践教学人才培养模式

高校思想政治理论课实践教学是把理论知识贯穿于实践活动，也是

培养大学生综合素质和能力、提升大学生在就业市场的竞争力和发展机会的有效途径。因此，增强实践能力是大学生人才培养过程中贯穿始终、不可缺少的重要组成部分，是培养大学生理论联系实际、学以致用的重要手段。同时，实践性是思想政治教育学科的显著特征。马克思主义突出的科学性和实践性决定了高校思想政治理论课实践教学的育人属性，不仅要解决大学生知与不知的问题，更要解决大学生行与不行的问题。高校思想政治理论课实践教学中要开展以实践性问题为内容，以研究性学习为主导的学习方式。因此，如何把理论学习与实践活动结合起来，把高校思想政治理论课实践教学人才培养目标与社会需求紧密结合起来的研究就显得十分必要。

（一）实践教学人才培养的思路导向

1. 坚持以教育观念的转变为先导

观念是行动的先导，任何教育行为都是不可能离开教育观念的，不管是否意识到，它都是实实在在存在的，并顽强地渗透在教育行为中。因此，高校思想政治理论课实践教学人才培养应以社会需求为导向，以教育观念的转变为突破口，逐步形成以提高人才培养质量为核心，融知识、能力、素质教育为一体的教育观念。在人才培养的过程中充分尊重大学生的主体地位，发挥大学生的探索精神和合作意识，激发大学生的学习兴趣、好奇心和求知欲望，培养大学生的开拓思维和创新能力。

2. 坚持以培养质量的提升为核心

当前社会发展对高端人才的能力结构提出新的要求，用人单位欢迎的是综合素质高、实际动手能力强、具有创新精神的优秀毕业生。因此，高校思想政治理论课实践教学人才培养要充分体现其专业能力和创新能力的训练，建立面向学生综合能力和学术素养培养的实践教学模式和管理机制,坚持走实践育人特色之路,既保证人才培养质量,又适应社会发展所需,真正实现学以致用应用型人才的培养目标和办学理念。

3. 坚持以实践资源的整合为目标

整合是最大限度地利用人力、信息、技术等各类资源,优化组合,取长补短,形成合力。高校思想政治理论课实践教学人才培养必须充分调动和利用好校内外人力资源、物质资源、文化资源、活动资源和信息资源等,对实践教学的各个环节进行整体设计,构建完整、科学、合理的实践教学体系。要制订科学的实践培养方案,确保充足的实践教学时间,拓展实践教学范畴,提升实践教学层次,加大实践经费的投入,实现实践基地的共享,并注重加强实践教学环节的质量监控。

(二) 实践教学人才培养的模式设计

1. 课程实践

课程实践立足于改变高校思想政治理论课大学生的学习方式,强调一种主动探究式的学习。在课程设置方面,增加实践性课程所占比例,多组织主旨报告、学术研讨、热点对话等形式,以开拓大学生的学术视野和学术意识;在教学模式方面,增加"问题教学",将课程学习和实践活动有机结合,形成一体,从多方位、多层面、多角度引导大学生实现实践能力的提升。课程实践的特点在于以"问题"为中心,陶行知先生说过"问题是思维的起点,发明千千万,起点在一问"(《每事问》)。问题能使大学生产生困惑,"疑"是激发创新思维的线索。在研究性学习过程中,大学生在教师的指导下,基于自身兴趣,结合理论知识与现实的联系,选择和确定研究专题,自由结合小组,制订实施计划、设计方案,通过独立地思考、分析,进行创造性解决。从研究问题的提出,到资料的获得,再到研究结果的得出,都呈现开放性态势。教师在教学中的地位和作用,由单一的知识传授者转变成建构知识的参与者、研究问题的发现者和解决问题的合作者。课堂实践是大学生主动地获取知识、应用知识、解决问题的学习活动,突出的是实践性、开放性、自主性和过程性,注重的是大学生实践能力和创新能力培养的质量和水平。

2. 项目实践

高校大学生要注重培养学术的实践能力。在教师的指导下,大学生应准确把握经济社会发展面临的重大理论和现实问题,积极进行社会调研项目申报。项目实施过程中教师应对大学生社会调查的选题、途径、过程加强管理和指导,帮助其掌握科学的研究方法,正确认识社会现象,同时要重视培养大学生用马克思主义立场、观点、方法到社会实践中发现问题、研究问题、解决问题。社会调查不仅促进大学生深入社会,还能帮助其树立积极向上的世界观、人生观和价值观,增强为实现中华民族伟大复兴而奋斗的责任感和使命感。并且,随着将课题的可行性进行分析论证、查找资料,到课题立项、调研、全面总结研究成果、撰写研究报告等步骤的结束,大学生在项目实践中不仅学到了科研的方法与技能,还提高了自身的理论水平和个人素养。大学生只有通过实践,耳闻目睹、触摸社会大课堂的深刻变化,才能真正领会理论的精髓,在实践中出真知,在实践中长才干。

3. 行业实践

提升专业角色认同和职业技能是高校思想政治理论课实践教学行业实践的关键所在。职业技能训练一般采用情景模拟、见习活动、教育实习、专业实习等。因而,高校要大力倡导"产学研"结合,通过广泛地、主动地加强校企之间、校际之间、高校与科研单位之间的联系,并建立稳定的合作关系,积极争取优质社会资源参与人才培养;要重视对实践教学资源的投入，通过专项资金的形式支持见习、实习、实训等为主的各种实践基地建设，为行业实践服务。大学生也要充分发挥自身的专业优势，进入政府机构、科研单位、高等院校、各类基层和企事业单位开展"临床性"的实践活动，在"观摩—参与—研究"的经历与体验中将行业实践与专业学习有机结合，在真实的职业情境中检验自身的实践能力，形成"专业学习—行业实践—专业学习"的良性循环，提高自身专业适应能力及就业技能。同时，大学生通过行业实践走向社会，接触本专业工作，培养锻炼大学生将所学知识应用于实践，提高创新素质和就业竞争力，实现自身知识目标向能力目标的转化。

4. 社会实践

大学生教育是培养拔尖创新人才的重要阵地。在当今社会转型的特殊时期，大学生群体面对的压力越来越大，来自学业、就业、经济、婚恋等实际问题对大学生的思想观念、价值判断、政治意识、伦理道德、心理健康等方面产生多重影响。因此，高校思想政治理论课实践教学也可以鼓励大学生走出校园，利用假期通过各种途径参加"三下乡"社会调查、志愿者服务、社会公益活动、创业设计大赛和"挑战杯"科技作品大赛等社会实践活动，在实践中认识国情、了解社会，提升自身理论联系实际的能力和专业知识综合运用的能力，为以后工作打下良好的基础。而且，社会实践活动多是群体性的活动，非常强调团结和协作，有利于大学生团队精神和良好人际关系的建立。同时，社会实践活动是社会性的活动，可以帮助大学生广泛地接触社会，了解社会，学会为人处事的方式、与人沟通的技巧，适应各种社会环境和节奏，掌握对不同事物的处理原则和方式，客观地认识自我、评价自我，增强人际交往和心理承受能力。

三、构筑高校思想政治理论课实践教学复杂系统

(一) 思想政治理论课实践教学体系的特质

1. 整体性

整体性原则是系统的基本出发点,它要求人们以更高的站位、更宽的视野思考问题、解决问题。在处理整体事物或事件中某要素、某局部的时候,也必须把它们放到所在的系统中去,处理好局部与整体关系。在思想政治理论课实践教学体系构建过程中融入系统的整体性原则:一方面能够理顺系统内纵向结构权力垂直运行各层级之间的关系,以及明晰横向结构各部门之间的职责边界;另一方面能够加强部门合作,构建协调统一的工作机制,发挥思想政治教育"合力"作用,增强体系整体所拥有的功能。

2. 结构性

系统的结构性原则是要对构成系统内部的多个要素进行合理的排列组合。每一个系统都有自己特定的结构和自己存在的方式。系统的结构控制和决定了各个要素在系统中的地位与作用。在思想政治理论课实践教学体系构建过程中以系统结构性原则为指导,可以厘清学校行政职能部门和教学部门之间、教育者与受教育者之间以及校内与校外之间的关系及地位等,针对不同思想政治理论课的对象、目标、内容和方法,选择思想政治理论课实践教学系统最优结构,得以获得最佳系统功能。

3. 开放性

系统科学思想认为系统本身是一个动态平衡与稳定的有机整体。系统在通过不断调整内部结构以达到最佳功能状态的同时,与外界环境不断地进行着能量、物质和信息的交流。因此,思想政治理论课实践教学

体系作为一个开放的系统，要求关联体系的工作机制也应是灵活、即时、动态跟进的，通过加强体系内、外环境的交流，提高系统的自身调节能力。同时，思想政治理论课实践教学体系内部的各要素之间要相互开放，相互学习，共同提高，使系统实现持续的稳定平衡。

（二）思想政治理论课实践教学体系的结构

1. 目标系统

教学目标是目标系统的显性目标，人才培养目标则是目标系统的终极目标。实践是工具性价值与目的性价值的统一。没有工具性取向，思想政治理论课实践教学永远只能是一种"空中楼阁式"的道德理想，不能成为现实；而没有价值理性取向，思想政治理论课实践教学就会陷入实用主义和功利主义。工具性价值离不开目的性价值的指引与统率，而目的性价值又必须把工具性价值作为现实性的手段与实现方式。因此，思想政治理论课实践教学要落实"立德树人"根本任务，实现人才培养的最终目标，应不断根据时代发展的需要对既有价值取向进行理性调整，满足受教育者成长和发展的需求。

2. 主体系统

思想政治理论课实践教学主体系统由教育者和受教育者两个要素共同组成，互为依存、相互影响。在思想政治理论课实践教学中，教育者是实践活动的组织者和引导者，负责制订教学计划，安排教学内容，控制教学节奏，充分调动受教育者的积极性和创造性，发挥受教育者的探索精神和合作意识，激发受教育者的学习兴趣、好奇心和求知欲望，培养受教育者的开拓思维和创新能力。而受教育者既是实践活动的对象，又是平等的实践主体，在教育者的指导下，从实践教学中主动地获取知识、应用知识、解决问题，使得教学过程朝着价值目标的方向发展。

3. 平台系统

平台系统是由校内实践教学平台和校外实践教学平台两个子系统有机结合起来的统一体。校内实践教学平台主要包括思想政治理论课堂以及高校宣传部、组织部、学生处、团委等有关职能部门组织的校园文化建设活动，是开展思想政治理论课实践教学的主阵地。校外实践平台是协同部分，主要包括大学生见习、实习、实训等为主的各种实践基地、科技产业园和其他社会实践场所，是受教育者认识国情、了解社会，提升自身"知行统一"能力的重要场所。只有实现这两方的有序协调与合作，才能广泛调动各方面的积极性和主动性，集中各方面的智慧，确保思想政治理论课实践教学如期实现目标。

4. 保障系统

思想政治理论课实践教学系统开放、动态、多层次，要以最佳的效果实现思想政治理论课实践教学的人才培养目标，就必须从组织管理、信息反馈、绩效评估、综合保障方面建立起相应的保障系统。组织管理是按照目标系统的要求安排实践活动，对实践过程的各要素加以统筹，使之有序运行，提高效能的过程；信息反馈包括反馈信息的获取、传递和控制的实施，信息反馈是否有效，取决于信息沟通渠道是否畅通；绩效评估是制定相应的实践教学质量评估指标体系，对实践教学实施的效果加以量化考评；综合保障主要是针对实践基地存在的问题，协调各有关部门，形成内部合力，加大经费投入，加强师资队伍建设等。

(三) 思想政治理论课实践教学体系的审视

1. 系统内部结构功能

思想政治理论课实践教学体系，是教育者与受教育者围绕实践教学的培养目标，以有效的平台为保证，以充分的保障为支撑的一个有机联系的整体。在思想政治理论课实践教学体系中，目标系统是出发点，在整个体系中发挥驱动的作用，没有目标就没有系统。主体系统是核心，开展实践教学过程中应充分发挥教育者与受教育者的主体作用。平台系统是载体，目标系统和主体系统通过具体的平台系统来实现相互关联和约束。保障系统是关键，是思想政治理论课实践教学系统能否按照目标如期运行的重要保证。每个子系统的正常运转，不仅要受到子系统本身条件的限制和制约，还要受到其他子系统的影响和制约，任何一个环节出了问题，都会影响其他部分或整个系统的正常工作，形成"蝴蝶效应"。因此，在思想政治理论课实践教学体系运行中，各子系统既要发挥各自的作用，又要相互衔接配合，形成联动，以实现思想政治理论课实践教学体系的整体优化。

2. 系统内外环境交流

不仅系统内部结构决定系统功能，外部环境变化也会对系统功能产生影响。外部环境制约着内部环境的性质、目的和内容，因而内部环境要努力适应不断发展变化的外部环境，映射到思想政治理论课实践教学系统中，就要求工作机制也应是实时跟进的，要与国家的经济、社会和文化环境相一致，与人才的培养目标相一致。同时，系统只有与其外部环境持续地进行物质、能量与信息的交换，并从外部环境吸收新的技术和资源，才能保证系统的存在和功能的发挥，并反作用于外部环境。因此，思想政治理论课实践教学体系需要在系统的指导下，主动搭建起促进内外环境交流的物质交流平台和信息网络平台的桥梁。

（四）思想政治理论课实践教学体系的优化

1. 强化顶层设计的统筹性

加强统筹协调和顶层设计，是系统化建构思想政治理论课实践教学体系的前提。推进思想政治理论课实践教学体系的协调和整体优化，首先要有全局性的眼光，克服各门思想政治理论课实践教学条块分割和内容交叉的弊端，在遵循科学性、针对性和现实性原则的基础上，进行科学整合和规范设计，确定各门思想政治理论课别具一格的实践教学模式。其次，思想政治理论课实践教学体系的建设需要汇集学校、院（系）多个部门的智慧与力量，因此要克服思想政治理论课教学部门和职能部门彼此独立、各自为战的体制障碍，共同围绕提高思想政治理论课实践教学质量这一主线，加强部门之间的合作与协同，凝心聚力、集思广益，真正体现合力育人的工作规律导向，形成建设合力。再次，思想政治理论课实践教学系统需要构筑多样化的实践教学平台，合理配置和有效利用实践教学资源，因此要促进思想政治理论课实践教学与学校的党、团的组织活动，校园环境建设，学生的专业实习等活动相融合，把思想政治理论课实践教学的安排置于更大的系统中，统筹力量，共同打造"产学研"合作平台，并在平台基础上，探索多元化实践教学的路径，实现实践教学体系的优化设计。最后，要有长远规划，明确思想政治理论课实践教学的终极目标是人才培养。因此，思想政治理论课实践教学要追溯到源头上，把理想信念、育人意识等贯穿于实践教学全过程，并且实现各个要素的良性互动、各级结构的严密衔接、各个过程的有机配合。

2. 实现过程管理的可控性

对思想政治理论课实践教学现有的系统进行整合、集成和优化，顶层设计是前提，运行控制是关键。系统要安全、稳定和有序地运转，离不开控制系统的有效干预。同时，内部控制的实施是提高过程管理效率和效果的重要保障。思想政治理论课实践教学系统的控制功能是建立在控制论反馈理论的基础上，通过对实践教学运行全过程进行科学设计、合理实施、全面监控和及时改进,增强思想政治理论课实践教学的实效性,实现育人目标。因此,高校应制定切实可行的具体政策,在高校发展规划、经费投入、公共资源使用中优先对思想政治理论课实践教学给予保障,促进实践教学在人、财、物等环节的规范,扭转实践教学各环节信息不对称现象,推动实践教学质量沿着人流、物流、信息流的正反馈路径良性提升。同时,过程控制要求在实施思想政治理论课实践教学中坚持"以人为本",一方面把人当作管理的目的,另一方面把人当作手段和依靠对象,推动受教育者主动学、主动实践,充分调动教育者与受教育者双方的积极性和主动性,形成从上到下、从下到上的双向控制系统,对思想政治理论课实践教学的各个环节实施监督与控制,教育者不仅要全程参与,对受教育者给予有效指导,更要统观整个系统的运行状态,及时、果断处理运行过程中出现的问题,以保证思想政治理论课实践教学按计划完成,人才培养目标得以正确实施,最终实现思想政治理论课实践教学系统的有序运转。

3. 坚持评价制度的科学性

从结构上讲,评价环节是整个系统运行必不可少的组成部分。构建科学、合理、高效的综合评价制度对于提高思想政治理论课实践教学质量、推进教学改革具有重要意义。因此,要着力更新评价理念,评价导向也要由过去偏重实践教学本身的评价向注重受教育者发展的评价转变。同时,强调评价的系统性和可持续性,从专注学习结果的评价转向面向学习过程的、可持续性以及发展性评价。并且,这个系统本身又是它所从属的一个更大系统的组成,评价要从关注自系统内部要素向更大系统要素转变,坚持实践育人的评价标准,找准实践道路,既保证人才培养质量,又适应社会发展所需。在思想政治理论课实践教学评价制度优化中,首先要确定评价项目,受教育者实践能力、综合素质和创新精神,实践教学条件保障以及实践教学体系的有效运行应是评价的主要方面,重点评价受教育者对知识的驾驭、实践活动的设计和实施、课程和实践资源的开发和利用等;其次要细化评价标准,根据实践教学活动确立专项评估和综合评估的细则和方法,采用"客观评价与主观评价相结合、以客观评价为主"的指标体系,通过评价的量化,避免主观因素对评价工作的影响;最后是开放性评价,评价主体实现多元化,在评价依据明确的前提下,将专家测评与学生互评相结合、将动态评价与目标测评相结合、将技能测评与综合测评相结合,多维度的实践教学评价制度可以确保思想政治理论课实践教学评价更具有公平性和合理性。

4. 提升信息反馈的针对性

保障和调节整个控制系统协调运转,是以健全的信息反馈为基础的。控制过程是信息转换与反馈的过程。思想政治理论课实践教学系统的决策和内容、方式、方法能够对外界环境和内部结构做出有效的回应,必须加强评价后的反馈和调节作用,通过信息采集结果与实践教学目标和标准的比较,建立奖罚分明的激励与制约机制,针对达到目标的实践教学活动经验进行总结和推广;针对未达到目标的实践教学情况进行调整,或排除干扰,或调节各子系统之间的关系,或修正系统出现的偏差。信息反馈中要准确了解思想政治理论课实践教学中存在的问题,特别是从受教育者反馈的信息中发现问题,及时整改、提高和完善,使得实践教学系统的运行不仅符合受教育者的需要,还使得教育者能够在实践教学实施过程中随时纠正偏离目标的行为。因此,没有客观、全面、真实的信息反馈,对思想政治理论课实践教学系统就难以做到有效调节。要构建高效运行科学的思想政治理论课实践教学系统,就需要建立相应的制度来确保系统信息畅通,同时广泛地开拓信息渠道,做好信息的收集、加工、传递和处理工作。并在此基础上,梳理和总结思想政治理论课实践教学活动,并及时反馈给人才培养目标系统,以适时地调整和改革人才培养思维与理念,从而进一步健全系统自身结构,不断增强系统自我革新、自我调节、自我提高的能力,实现思想政治理论课实践教学系统的流程管理,促进其良性发展。

四、高校思想政治理论课实践教学改革实施方案

(一) 加大宣传力度,转变教学理念

1. 加大宣传力度

思想政治理论课的实践教学同课堂理论教学一样,是为培养学生运用所学理论分析问题和解决问题的能力,促进学生综合素质和实践能力的提高而设置的教学环节。它对于学生将理论知识转化为切身感受、外化为日常行为有着不可替代的作用。但我们在调查中发现,有的学生参加了相关活动,却不知道该活动就是思想政治理论课的实践教学部分,这充分说明高校思想政治理论课实践教学计划并没有完全和学生对接,存在很多盲区。这就需要各高校及教师在开学之初就将教学计划告知学生;在讲课过程中,及时让学生知晓教学目标、任务,这样才能保证学生课后实践的成效。另外,实践教学的各项活动要保证惠及全员。如果条件允许,尽量保证让所有学习本课程的学生有机会参与相关的实践活动;如果事与愿违只能派代表,也尽量让学生轮流参加,并且请参加的学生积极地向其他同学传达实践活动的主要目的、内容及受到的启发等。

2. 转变教学理念

思想政治理论课的特别之处在于它关系到大学生世界观、人生观、价值观的形成和转变,可以说,没有思想政治素质的教育,任何专业的

教育都是失败的。考察思想政治教育的成功与否，主要是看学生的心理和行为是否能够践行他所学到的相关知识。所以，思想理论课的考试是对学生行为的考试。但是长期以来，我国高校思想政治理论课依然同其他科目一样，注重试卷考试成绩。此次调查的京津冀地区18所大学无一例外都使用了这种模式。随着思想政治理论课实践教学的深入开展，高校的教学理念应当相应做出调整。一是摒弃过去教学只为完成课时的思想，将注意力集中于如何影响、提高学生的内在认同、品德塑造上。这就要求高校以更加开放的心态办学，真正以学生为本，以培养人才为己任。二是摒弃"填鸭式"灌输知识的理念，避免对知识的重复宣讲，结合时代特征，带领学生自主思考、发挥学生的主观能动性，激发学生的创造力。三是摒弃过去以固有标准评价学生优劣的方式，转而寻求适合不同学生的独特教学方式，因材施教。

（二）均衡资金投入，增强实践教学生动性

1. 均衡资金投入

充足的资金支持是保证思想政治理论课实践教学效果的前提。在调查走访中我们了解到，国家、地区对于重点院校如"985""211"高校的支持力度明显大于其他普通高校，北京地区的普通高校受到的资金支持远远高于地方普通高校，依次呈阶梯状。这种资金的倾斜严重打破了高校之间教学效果的平衡。一木难成林，一花不是春。只有国家、地区的支持力度相对均衡，才能保证高校思想政治理论课教学效果的稳步提高，才能保证大学生队伍素质的整体提高。因此，我们建议国家及地方资金应该适当地分散投资，以确保各高校思想政治理论课实践教学的均衡发展。

2. 增强实践教学的生动性

实践教学不同于课堂教学，也不同于教师指导下的实习，它主要是通过学生能动地参与实践而发挥教育作用。思想政治理论课实践教学能否更好地普及和提高关键在于能否吸引学生的注意力,让他们自觉自动地喜欢上这门课程。增加课程的趣味性,可以提高学生的参与热情。比如,组织学生外出进行社会考察、市场调研,利用寒暑假、节假日组织学生进行参观访问,甚至可以组织一些学生喜欢的野营、烧烤活动等。调研数据表明,将近半数的学生希望"自行参与假期社会实践",还有的学生认为可以在教师的带领下做一些社会调查课题,但是要求教师制定大体的框架,给学生自由发挥的空间,这样可以有效地消除学生的逆反心理,激发其参与意识,将教育内容及要求渗透和潜隐到学生生活的广阔空间,从而提高思想政治理论教育的覆盖面和影响力。

实践教学形式的多样化和内容的丰富性,具有不可替代的优势。例如教师课堂上组织的案例讨论,以及学生课后制作电子课件并在课堂上讲解等形式,可以实现教师与学生、学生与学生之间不同观点的碰撞;还可以在教师的带领下,走出教室,走向社会,通过参观爱国主义教育基地或者进行社会调查等方式,调动大学生的多种感觉体验,使其切身感受思想政治理论课教授的马克思主义理论的实际作用。

(三)整编权威参考教材,培训专业教师队伍

1. 组织编写实践教学通行教材

当前中共中央、国务院、教育部针对思想政治理论课实践教学的发文,是站在统领全局、统筹规划的维度,规定了实践教学的大体框架,并没有对具体实践过程的各个环节做详细说明。所以,组织编写实践教学通行教材非常必要。首先,应组织有一线教学经验的教师进行材料的初步编订,详细规划思想政治理论课中不同章节对应的实践内容,以及可开展的形式、可选择的地点、每种形式需要的预算、举例说明其中的

利弊等。其次，根据实践结果及时对教材进行修订，以适应不断变化着的实践课题。最后，教材应该是多维度、分层次的，可以为不同年级、不同性别、不同地区、不同爱好等的学生提供选择，从而增强实践教学的针对性。

2. 提高教师队伍的实践教学素养

在分析过思想政治理论课实践教学的诸多现状之后再回溯到实践教学的主导者——教师队伍的教学水平这一层面。首先，我们要看到，教师队伍的实践教学水平依然有待提高。调查中，当问到"你认为影响高校思想政治理论课教学效果的主要因素是什么"时，有33%的学生认为实践教学的教师队伍必须培养更加开放的姿态和理念。教师作为实践教学的指导者，必须摒弃落后的教育观念，以开放、包容的姿态激发学生的创新激情。教师只有树立正确的实践观念，才能推陈出新，指导实践教学，达到活动目的。其次，教师要亲身参与实践教学的整个过程。教师队伍中的许多教师都是从校园毕业后直接到校园工作的，一直处在被教育的地位，自身参加的实践教学活动就比较少，而且缺乏思想政治教育的实际工作经验。因此组织的实践教学活动也就往往因为缺少实践经验而流于形式。我们必须明确和加强实践教学中教师队伍的实践观念，准确把握实践教学中的实践性内涵。只有明确了实践性在实践教学中的重要性，才能把握住实践教学的精髓，才能在接下来的实践活动中从实践出发，最后落脚于实践。

（四）完善实践教学体系，制定合理考核标准

1. 完善实践教学体系

高校思想政治理论课实践教学的开展需要社会、学校和师生的共同支持。现如今实践教学活动的教学体系还不够完善，保障机制还不够健

全，各高校采用的模式和收到的效果也不尽相同。完善思想政治理论课的实践教学体系势在必行。首先，由于思想政治理论课的教师数量有限，可以联合学生处、团委、后勤保障部门等，共同承担实践教学任务。调研中，发现北京已有高校做过类似的尝试，成效不错，学生反响良好。主要模式是由马克思主义学院提供实践选题，团委牵头，各个学院派学生参加，在实践调研后，每个学院或小组将调研成果以视频、论文或者PPT等形式予以呈现。其次，多渠道开拓实践教学基地。由于我国现有的企事业单位、科研院所、政法机关的数量相比于高校庞大的学生群体而言微乎其微，远远不能满足学生的实践需求。所以，高校需要开拓多样化的渠道，寻求可供学生实践的基地。一是积极寻求传统意义上的校外实践基地，加强和附近或下属地市的企事业单位、科研院所、政法机关的联系，争取尽可能多的实践机会。二是就地取材。高校本身就是一个非常典型的具有实践功能的基地，如学校的餐厅，可以为学生提供义务帮忙的机会，让他们真切地体会劳动的意义、粮食的珍贵以及父母日复一日养育子女的艰辛等。高校利用学校自身资源不仅可以节约外出成本，也可以提高资源的利用率。同时，要对基地建设做好综合规划，尽量建设具有综合功能的实践基地，如文科类基地、理科类基地、工科类基地等不同类型的基地要统筹安排，既节约重复建设的成本，又保证学生思想政治理论课实践的连续性。

2. 制定合理的考核标准

通过现场采访和问卷调查，我们发现当前高校对学生思想政治素养的考核主要由三部分组成：期末试卷考试成绩，约占总成绩的60%；平时表现（主要是上课出勤率），约占总成绩的10%；论文成绩，约占总成绩的30%。此处的论文成绩即社会实践的评价成绩。为了准确反映学生的诉求，我们在问卷中设计"你认为思想政治理论课期末成绩应该注意哪方面的考核"时，没有一个学生选择单纯的"试卷考试"，有359位学生认为应该综合考虑"试卷考试""日常行为表现"和"社会实践"，约占受调查学生人数的60.3%。还有部分学生认为应该增加对学生课堂表现的衡量；同时选择"日常思想行为表现"和"社会实践"的人数达371人，约占受调查学生人数的62.3%。在期末考试成绩中，加大实践学分和日常行为的考核比例是十分必要的，因为思想政治理论课的教学本身就是为了帮助大学生树立正确的世界观、人生观、价值观，充分了解我国国情、社情、民情，提高学生的思想政治素养，培养社会主义合格的接班人。但试卷考试只能反映学生对课堂知识的接收程度，并不能呈现其思想道德水准，因而建立合理立体的考核体系是实践教学的题中之义。高校可把大学生的实践能力成长看成一个动态的过程，建立大学生能力成长档案袋，通过观察、记录、描述大学生不同阶段能力状况作为成长性评价依据，把过程性评价与终结性评价结合起来，以保证评价的公正性。同时，高校应将大学生的实践能力分项评价。大学生在能力评价中既是评价的对象，又是评价的主体，重点考核大学生对学科知识的驾驭能力、实践活动的设计和实施能力、课程和实践资源的开发和利用能力、现代信息技术的应用能力等，并采用多种方式评价，将专家测评与学生互评相结合、将动态评价与目标测评相结合、将技能测评与综合测评相结合等，以保证评价的科学性。

（五）坚持学生主体地位，重构人才培养目标和保障体系

1. 尊重学生在实践教学中的主体地位

思想政治理论课的理论和方法来源于实践，最终也落脚于实践。因此，只有在思想政治理论课的实践活动中，大学生才能切身实地理解和领悟这些理论方法的深刻含义。在高校思想政治理论课的各种实践活动

中，必须突出活动的实践性主旨，明确大学生的主体性地位。组织的活动要根据不同群体的大学生设计不同的实践内容。一是实践教学方案设计要以大学生为本。在思想政治理论课实践教学方案制订之前，高校及教师要做好学生心理、行为现状的调查工作，了解大学生对活动的期待，统筹考量高校的教学任务和学生实际。在制订过程中也应当充分听取大学生的意见，并实时反馈。二是实践教学过程要做到因材施教。可以对大学生进行差异化的实践分组，根据不同专业方向、不同生源地、不同的兴趣爱好及特长，对大学生进行交叉式或互补式的编组，然后根据具体情况制定合适的实践活动形式，这样才能充分调动大学生在实践活动中的主体性和积极性，保证实践教学活动的质量。三是在具体的执行过程中，应该让大学生自主选择处理问题的方案和途径。教师负责实时答疑及点评。在总结实践经验时，教师要充分给予学生之间分享经验教训的空间。因为，学生之于学生，更容易产生认同感和亲近感，相比于教师的陈词总结，具有事半功倍的效果。

2. 重构实践教学人才培养目标和保障体系

在专业培养方案中，增加实践课程的种类和实践类课程在课程体系中的比重，开设专门的实践教学环节；在教学方法上，把传统教学中注重系统知识传授与落实自主学习、合作学习与探究学习有机结合起来；在教学内容上，将实践教学的内容全面梳理，根据其能力指向和实施途径分类构建课题研究、实地调研、论文写作等实践教学的课程体系，贯穿大学生学习全程。实践教学要以大学生能力培养作为核心目标，不仅要培养大学生对思想政治专业知识的理解和探究能力，还要具备运用学科理论和科学方法去研究实际问题的能力，为将来创造性地开展研究工作并向更高的专业目标发展奠定基础。此外，思想政治理论课实践教学在过程上包括实践教学设计、示范和引导、效果总结与反思等环节；在环境上包括校内实践和校外实践。因此，要从师资队伍建设、实践基地建设和教学组织管理等方面做好实践育人的综合安排。高校可在相关职能部门设立专门机构，建立面向学生综合能力和素养培养的实践管理和保障机制，一是便于充分利用、开发和整合校内外实践资源，相互配合，形成合力，提升实践工作的实效性；二是可以多渠道、多途径筹措实践育人经费，积极争取社会力量支持，广泛吸纳社会资源，为大学生提供实践岗位，以保证实践育人的可持续性。

五、"五学—六位"线上线下互动实践教学模式设计

在马克思主义理论的框架下，基于以学生为中心的理念改造传统高校思想政治理论课程，实现"知识、思维、能力"三位一体的教学目标，构建"五学—六位"线上线下互动教学模式，即"导学—督学—自学—辅学—互学"的五学混合网络学习方式与"问—教—学—行—创—评"六位一体的实践教学实施方式的互动教学模式（如图5-5所示），设置多元化、过程化的考核方式，让高校思想政治理论课真正"活起来"，在彰显课程思想性的同时，充分调动学生学习主动性、积极性和创造性，真正发挥思想政治理论课在大学生全面发展、成人成才中的价值引领作用。

（一）"五学混合"：思想政治理论课的线上学习平台

导学——学习平台引导学习。学习平台导航栏目要清晰，利用导航栏目直接引导学生选择学习。

督学——教师监督学习。教师可以直接在学习平台监督学生的学习进程，查看学生登录次数、在线时间、资源下载与浏览情况、发帖、回帖等，能有效监督学生有效学习。

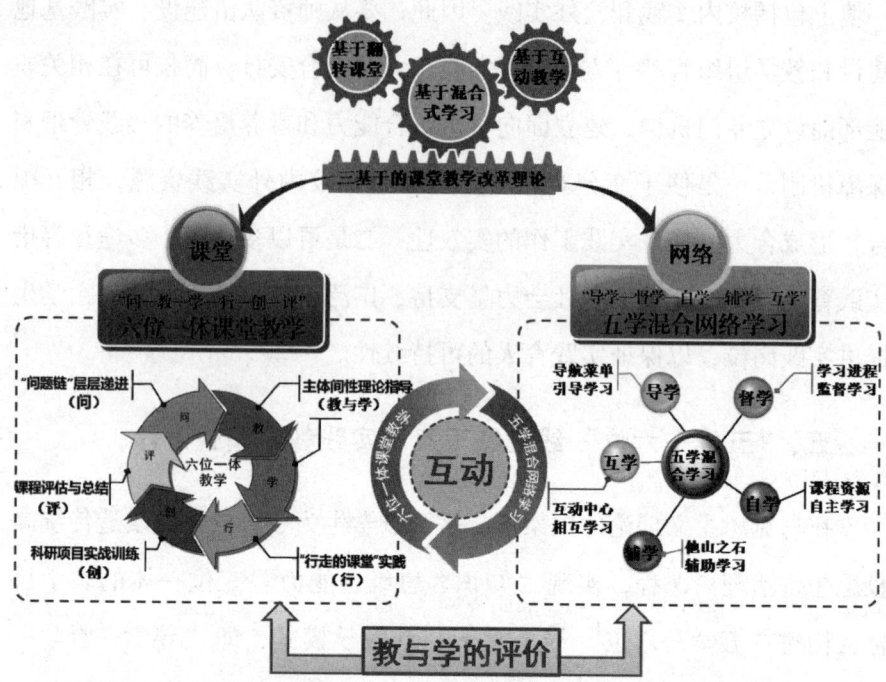

图5-5 高校思想政治理论课"五学—六位"线上线下互动实践教学模式

自学——学生自主学习。课程资源应包括课程标准、教学设计、电子教材、多媒体课件、教学视频、作业测试等,学生能根据学习进度和学习能力自主学习。

辅学——学习资源辅助学习。辅助教学资源要充分体现为学生课程学习、专业学习和终身学习提供平台。

互学——师生互动学习。主要包括班级空间、在线提问、交流论坛、作业与考试、微信公众平台、微信交流群等。这里是师生互动、学生之间互动交流的场所,更是学生之间相互学习的平台。

(二)"六位一体":思想政治理论课的线下教学实践

问——"问题链"层层递进。在课程学习开始时,教师要紧扣社会热点问题，了解大学生的现实困惑，不仅要讲清楚理论的内在逻辑关系和科学必然性，还要有的放矢，真正讲清楚中国共产党为什么"能"、马克思主义为什么"行"、中国特色社会主义为什么"好"。

教与学——主体间性理论指导（教与学）的全过程。在这种教学关系中，教育者不再把受教育者作为教育客体，而是当作平等主体看待。教师在教学中的地位和作用，由单一的知识传授者转变成建构知识的参与者、研究问题的发现者和解决问题的合作者。思想政治理论课的重心不是知识本身，而是引导大学生思辨的过程，教材中的理论则是主体之间进行"对话"的工具，大学生作为主动的参与者，在沟通与交流中要学会辨别和思考。

行——"行走的课堂"实践。在研究性学习过程中，学生在教师的指导下，基于自身兴趣，结合所学理论知识与现实的联系，选择和确定社会调研和视频作品的选题，自由结成小组，制订实施计划，设计方案，通过独立地思考、分析，进行创造性解决。"行走的课堂"实践是学生主动地获取知识、应用知识、解决问题的学习活动，突出的是实践性、开放性、自主性和过程性，注重的是学生实践能力和创新能力培养质量和水平。

创——科研项目实战训练。教师鼓励学生主持或参与各级、各类科研项目，尽早进入学术领域的研究。从选题、方法和过程进行管理和指导，帮助其掌握科学研究方法，正确认识社会现象，提高自身的理论水平和个人素养。

评——课程评估与总结。基于学习过程的科学的课程评价体系既要重视对学生学习过程的评价，又要重视对学生学习结果的评价，更要重视对学生发展的人文关怀。评价形式综合运用了发展性评价、总结性评价、学生自评、同学互评、教师点评等方式。同时加强了对学生"线上+线下"自主学习的评价,以提高学生的团队协作能力、人际交往能力和分析表达能力和审美水平等。另外,根据学生实际情况,单元项目考核还采用分层次考核方式,学生可以根据自己的学习情况选择适合自己的试题。通过单元项目考核能让学生有不断进步的推动力,营造和谐的赶、比、超的学习氛围。

第四节 高校思想政治教育理论课实践教学活动实例

英国学者约翰·弥尔顿(John Milton)说过:"书籍并不是绝对死的东西。它包藏着一种生命的潜力,和作者一样活跃。"(《论出版自由》)大学是读书的最佳时光,当下,碎片化的网络阅读作为一种排解生活压力的消遣方式,使得高校里的读书活动多了几分浮躁,少了几分宁静致远的心态。而大学生要去寻找人生的意义,还是要多读经典书籍。经典文字对心灵的巨大震撼力和网络虚拟世界当然不可同日而语。基于此,首都经济贸易大学《思想道德与法治》课在大学新生的实践课堂上一直坚持开展以"与经典为友,与博览同行"为主题的"经典进课堂"活动。

一、活动目标与工作思路

(一)活动目标

"经典进课堂"实践活动实施过程中,要求大学生根据自身专业、兴趣、个性特点、阅读的不同阶段,确立三个相互关联、层层递进的目标,使经典阅读的活动能有序开展。第一,知识目标是"经典进课堂"

实践活动的基础目标。王国维在《人间词话》中有"古今之成大事业、大学问者,必经过三种之境界:'昨夜西风凋碧树。独上高楼,望尽天涯路。'此第一境也。'衣带渐宽终不悔,为伊消得人憔悴。'此第二境也。'众里寻他千百度,蓦然回首,那人却在,灯火阑珊处。'此第三境也"。所以,大学生只有通过阅读经典书籍才能体验到王国维所指出的人生三境界,启迪智慧。第二,能力目标是"经典进课堂"实践活动的核心目标。一是通过实践活动的广泛参与,锻炼大学生的组织能力和团结协作能力;二是通过实践活动的体验,培养大学生的爱国精神和进取精神;三是在实践活动中增强大学生"知化于行"的能力。第三,素质目标是"经典进课堂"实践活动的终极目标。在阅读经典的过程中,陶冶高尚情操,提高大学生的审美意识,提升大学生的文学修养、人文素养和道德修养。

(二)工作思路

1. 以优选书目为基石,打开阅读的通道

世界著名文学评论家维萨里昂·格里戈里耶维奇·别林斯基(Vissarion Grigoryevich Belinsky)曾经尖锐地指出,"阅读一本不适合自己的书,比不阅读还要坏。我们必须学会一种本领,选择最有价值,最适合自己需要的读物。"古今中外图书浩如烟海,我们必须有选择地去读。因此,当启动经典阅读活动后,我们首先对大学生开展经典图书推荐,让大学生"拿到图书宝藏的钥匙"。世界政治法律学说史上最重要的著作让-雅克·卢梭(Jean-Jacques Rousseau)的《社会契约论》,法国启蒙运动时期的代表著作是查理·路易·孟德斯鸠(Charles-Louis de Secondat)的《论法的精神》,西方最早的哲学著作是柏拉图(Plato)的《理想国》,古典文化的代表作品是《论语》,道家学说的理论渊源著作是《道德经》以及影响了千百万人的思想和行动的《共产党宣言》等经典著作是我们推荐的阅读书目。推荐阅读清单的目的是引导大学生多读书，读好书，好读书，让书香渗入大学生的言谈举止中去，让书籍成为大学生的良师益友，让广大学生在潜移默化中接受中外文化熏陶，净化心灵，陶冶情操，拓展知识、升华精神境界。

2. 以思想情感为纽带，搭建阅读交流的平台

大学生选择经典阅读书目后，我们利用微博、微信公众号、抖音（短视频平台）等新兴媒介围绕经典阅读的主题提出对大学生的阅读要求，同时在给大学生的公共邮箱中附上与推荐的经典文本相关的名家评论，或作者自我评价、背景知识等相关辅助材料，或者附上针对核心文本设计的问题，为大学生提供最大的思想空间，激发大学生阅读兴趣，完成从"要我读"向"我要读"的转变。教学班通常先由教师阅读，然后联系实际分析其意义。教学过程中着眼"熏陶"，注重"感悟"，激发"兴趣"。

3. 以教师引领为突破，提升阅读的实效

润物细无声式的经典著作，给人们智慧和力量，从思想到行为改变着现代人。因而，在大学阶段的经典阅读中，我们必须要重视经典著作对大学生价值观的塑造、意志品质的培养和精神家园的建设。必须先道（精神层面）后技（技能层面），由道悟技，以道御技，即由"形而上"至"形而下"。而要让缺乏人生经历和磨难的大学生在短时间内成为一个有修养、有见地、有创造力的个体，就必须选择"专题探究"学习。当大学生对某一个人物、一部著作、一段历史、一个话题的资料不断积累，认识逐步加深，体验和思想就会凝结成对社会的客观认识和人生体验。因此，在"经典进课堂"实践活动的指导中，要不断激发大学生自身的问题意识和质疑精神，在课堂外要求大学生结合研究论著能对当下某些新的社会现象进行批判性思考。

二、实施方法与过程

《思想道德与法治》实践课堂中的"经典进课堂"的工作按照"精选书目—推荐阅读—宣传组织—活动评价"的过程来实施,在内容上分成"经典书目阅读"与"交流共享"两个板块,倡导"悦读"理念,打造"书香校园"。

活动之初,为了让更多大学生了解"经典进课堂"实践活动的详情,扩大"经典进课堂"实践活动的影响力,我们精心设计经典书目的宣传海报和PPT,在课堂上进行宣讲,在学生微信群里发布通知,利用教师个人微信和微博进行宣传。同时,利用学工处、团委的感召力和影响力,在大学生之间积极宣传。通过以上的努力,大学新生对"经典进课堂"实践活动的目的、日程和活动有了详细的了解。课堂上,为了让大学生深刻理解经典阅读活动的意义,我们还专门举办了一个小小的经典阅读启动仪式。我们向学生们介绍经典书籍的意义。经典书籍之所以成为经典,首先是因为它记录和保存了人类最优秀的思想,是当下人类精神的直接载体。其次,经典书籍是人们在一定时期内对事物的本质、特征和规律的认识,具有时空的跨越性,经得起不同时代的、不同人群的、不同角度的诠释。最后,经典书籍是读不完的,总是与时代同在,可以常读常新,百读不厌。阅读经典书籍,一方面可以帮助大学生纵观古今,兼顾中外,开阔视野,增长知识;另一方面有助于大学生寻求心灵的充实与安宁,塑造健全的人格。

实践活动过程中我们立足经典,精选书目,倡导"悦读"经典、传播经典、弘扬经典。我们开展"经典进课堂"实践活动的目的是让学生开启智慧、增进分析问题的能力,并在阅读中陶冶情操、培养学术志趣。经典书目的精选荐读包括《道德经》《诗经》《论语》等国学经典和《理想国》《论法的精神》《社会契约论》等外国名著，还包括《中国哲学简史》《乡土中国生育制度》《法治及其本土资源》等现当代名著。读书会的主题涉及哲学、文学、历史、心理学等多个领域，内容丰富，形式多样。活动进行过程中，我们始终强调留给大学生充足的时间和空间，充分发挥大学生的主体作用，把读书的自主权还给大学生，培养大学生自主学习能力和积极探索精神，拓宽自己的思维，发挥自己的潜能和创造力。为了激发大学生的求知欲与阅读兴趣，传承优秀文化，我们会利用上课时间，专门开展涉及经典书籍的知识竞赛或知识抢答。经过紧张激烈的比赛，产生进入最后决赛的优胜者。通过组织知识竞赛这一活动，提高了大学生参与阅读活动的参与度和积极性，增强了教师组织阅读活动的启迪性和亲和力。而且，为了系统提升大学生的逻辑判断能力、思维分析能力和语言表达能力，我们让大学生在阅读经典后，根据自己的关注热点设计问题并进行分组讨论、开展小型辩论会。小组讨论后，每组还要选出一位代表在课堂上发言，汇报小组交流讨论的结果。在讨论过程中鼓励大学生分享健康、积极的阅读体验，在"阅"中感受快乐，在"读"中收获知识、收获成长。

三、活动成效与启示

（一）持续点拨激发了学生阅读期待，让阅读引领学生成长

古典政治哲学家黑格尔说过，所谓常识，往往不是时代的偏见。要超越这个时代的偏见，唯一的办法，就是阅读，阅读人类历史上最伟大的经典著作。近年来，在马克思主义学院的支持之下，我们紧抓"新生入学季"，开展针对大学一年级新生的"经典导读"活动。使得越来越多的大学生认识到阅读的重要性及掌握阅读的方法，并积极参与阅读

的推广中来。阅读经典是和先贤进行深度的心灵沟通，你将会学到不同人的内心对不同事物的看法，你能接触到越多不同的人，成长也将会越快。而当逐渐体验到阅读成长的快乐之后，就会在内心形成明确的学习动机和自我激励。因此，"经典阅读"实践活动将改变大学新生迷茫期的心理问题，会带来思考方式的转变，提高思维的深度和缜密度，拓展文化视野，完善自我人格，提升人生境界。

（二）持续开展营造了良好读书氛围，让阅读成为学生习惯

当今的时代，已进入网络化的大数据时代，知识的碎片化、信息的无序和混乱造就了人们浮躁、肤浅的心态。"经典进课堂"实践活动过程中，我们引导大学生对经典理论著作进行分析阅读、主题阅读、有效精读，激发了大学生专业学习的兴趣，挖掘了大学生自主研究和创新的能力，使得大学生从"不求甚解"的"浅阅读"到学有所长、术有专攻的"深思考"。同时，大学"经典进课堂"实践活动的持续开展，不仅给大学生带来愉悦的阅读体验，解决内心的烦恼和苦闷，使其获得心灵的指引和精神的放松，还使得阅读逐步成为他们的一种习惯或自觉行为，浓郁的书香浸满校园。

（三）持续创新形成持久影响力，让阅读打造校园文化

在党的十九大报告中，习近平总书记提出要"建设学习型社会"；2019年推动全民阅读第六次被写进《政府工作报告》；2019年8月，习近平总书记在考察读者出版集团时强调，要提倡多读书，建设书香社会；2019年9月，习近平总书记给国家图书馆老专家的回信中提出要"创新服务方式，推动全民阅读，更好满足人民精神文化需求"[1]。全民

---

① 习近平给国家图书馆老专家回信强调：坚持正确政治方向 弘扬优秀传统文化[N].人民日报，2019-09-10（01）.

阅读，无论是对个人的成长、社会的繁荣，还是对民族的强盛都有着重要意义。全民阅读，需要社会的关注，需要发挥高校在全面阅读中的推广作用。多样化和品牌化的"经典进课堂"实践活动能满足大学生多样化、个性化的阅读需求。我们在"经典进课堂"实践活动中建立起"悦读"的渗透机制，用精、专阅读搭建起的引导机制，用"知识竞赛""'悦'读沙龙""专题讲座""读书会""一周一书"等多种形式的阅读推广活动吸引了越来越多的学生，同时"经典进课堂"实践活动的持续开展保持了大学生的活跃度和黏性，培养和强化了大学生的阅读习惯，并取得了较好的成效。

四、及时总结、谋划未来

自2012年始，我们举办的"经典进课堂"系列实践活动至今已十年，随着时间的推移，主题鲜明独特、内容丰富立体的"经典进课堂"活动越来越受到大学生欢迎。为了让大学校园成为散发着浓厚书香韵味的阅读基地和知识传递场所，让"经典进课堂"实践活动更好地扎根于各届学子心中，将这一活动打造成校园文化品牌，我们建议各学院、学工处、图书馆应整合资源，对"经典进课堂"实践活动进行系统的规划和安排：

第一，学校应有计划、有组织地开展"经典阅读活动月"、经典阅读征文比赛、经典阅读读书沙龙、经典阅读协会等吸引广大学生积极参与经典阅读活动，提高大学生对经典阅读重要性的认识，让经典阅读由最开始的自发行为转变为一种自觉行为习惯。高校应将"经典进课堂"实践活动纳入学生培养方案中，帮助大学生制订合理的阅读计划，引导大学生正确选择阅读内容、加强阅读深度，开展以阅读经典为核心的通识教育。

第二，学校应制作"经典阅读"的专业网站，利用图片、声音、动画、视频等多媒体元素推荐经典著作，使大学生对经典著作和活动的流程有更形象直观的了解。同时，可以在线上设计互动互助的活动，作为"经典进课堂"实践活动成效评价的一部分，借由网络打破时间和地点的限制，吸纳更多"宅男宅女"大学生的关注及参与，更有助于阅读的推广。

第三，学校应加大宣传力度，寻求新的宣传手段。应积极采取措施为"经典进课堂"开展实践活动搭建舞台、拓展空间，加强与周边高校和社会组织团体进行合作举办有影响力的读书活动，调动更多大学生参与。同时，联合校园公众号、校报、校广播站、校电视台以及社会媒体进行全方位宣传，令更多的同学了解活动内容，参与活动中去，扩大"经典进课堂"实践活动在校内外的影响力。

总之，经典书籍荟萃了哲学、历史、人文等多个领域的精华，历经岁月淘洗，具有最强盛的生命力。经典书籍的阅读改变大学生对生命的认识和态度，对大学生人生之路产生深远的影响。今后，我们要在全校进一步深入推广"经典进课堂"实践活动，倡导阅读求知、读书成才的新风尚。让我们的学生在读书的过程中不断完善自己的人格，让我们的"经典进课堂"实践活动真正实现"内化于心、外化于行"的教学目的，让我们的学校在书香的浸润中不断提升。

参考文献

[1] 张琼,马尽举. 道德接受论[M]. 北京:中国社会科学出版社,1995.

[2] 张耀灿. 现代思想政治教育学[M]. 北京:人民出版社,2001.

[3] 郭湛. 主体性哲学[M]. 昆明:云南人民出版社,2002.

[4] 荀子[M]. 太原:山西古籍出版社,2003.

[5] 孟子[M]. 太原:山西古籍出版社,2004.

[6] 论语[M]. 北京:中华书局,2006.

[7] 吴今培. 系统科学发展概论[M]. 北京:清华大学出版社,2010.

[8] 白显良. 隐性思想政治教育基本理论研究[M]. 北京:人民出版社,2013.

[9] 习近平. 做党和人民满意的好老师——同北京师范大学师生代表座谈时的讲话[M]. 北京:人民出版社,2014.

[10] 张世英. 哲学导论[M]. 第三版. 北京:北京大学出版社,2016.

[11] 习近平. 在哲学社会科学工作座谈会上的讲话[M]. 北京:

人民出版社，2016.

［12］习近平. 决胜全面建成小康社会夺取新时代中国特色社会主义伟大胜利——在中国共产党第十九次全国代表大会上的报告［M］. 北京：人民出版社，2017.

［13］中共中央宣传部. 习近平新时代中国特色社会主义思想三十讲［M］. 北京：学习出版社，2018.

［14］中共中央宣传部. 习近平新时代中国特色社会主义思想学习纲要［M］. 北京：学习出版社，2019.

［15］习近平. 在"不忘初心、牢记使命"主题教育总结大会上的讲话［M］. 北京：人民出版社，2020.

［16］张春秀. 马克思主义实践观视域下的思想政治教育评价论［M］. 北京：光明日报出版社，2021.

［17］哈贝马斯. 交往行动理论［M］. 洪佩郁，蔺青，译. 重庆：重庆出版社，1994.

［18］埃德蒙德·胡塞尔. 笛卡尔式的沉思［M］. 张廷国，译. 北京：中国城市出版社，2002.

［19］亚伯拉罕·马斯洛. 动机与人格［M］. 许金声，等译. 北京：中国人民大学出版社，2007.

［20］古斯塔夫·勒庞. 乌合之众——大众心理学研究［M］. 冯克利，译. 桂林：广西师范大学出版社，2007.

［21］于尔根·哈贝马斯. 现代性的哲学话语［M］. 曹卫东，译. 北京：译林出版社，2011.

［22］马克思，恩格斯. 马克思恩格斯选集（第三卷）［M］. 北京：人民出版社，2012.

［23］伊丽莎白·诺尔-诺依曼. 沉默的螺旋：舆论——我们的社会皮肤［M］. 董璐，译. 北京：北京大学出版社，2013.

[24] 埃略特·阿伦森, 提摩太·D. 威尔逊, 罗宾·M. 埃克特. 社会心理学——阿伦森眼中的社会性动物 [M]. 侯玉波, 朱颖, 等译. 北京: 机械工业出版社, 2014.

[25] 马丁·布伯. 我和你 [M]. 任兵, 译. 北京: 商务印书馆, 2015.

[26] 马丁·海德格尔. 存在与时间 [M]. 陈嘉映, 王庆节, 译. 北京: 商务印书馆, 2016.

[27] 马克思, 恩格斯. 马克思恩格斯全集 [M]. 第一版. 北京: 人民出版社, 2016.

[28] 习近平. 在全国高校思想政治工作会议上的讲话 [EB/OL]. 人民网, 2016-12-09.

[29] 习近平. 在全国教育大会上的讲话 [EB/OL]. 人民网, 2018-09-11.

[30] 习近平主持召开学校思想政治理论课教师座谈会强调用新时代中国特色社会主义思想铸魂育人贯彻党的教育方针落实立德树人根本任务 [EB/OL]. 人民网, 2019-03-19.

[31] 中共中央, 国务院. 中国教育现代化2035 [EB/OL]. 新华网, 2019-02-23.

[32] 任平. 走向交往实践的唯物主义 [J]. 中国社会科学, 1999 (1): 53-69.

[33] 王晓东. 交往理论研究中的若干问题 [J]. 求是学刊, 2000 (1): 23-26.

[34] 秦湛. 论主体间性或交互主体性 [J]. 中国人民大学学报, 2001 (5): 32-38.

[35] 郝文武. 师生主体间性建构的哲学基础和实践策略 [J]. 北京师范大学学报 (社会科学版), 2001 (5): 15-21.

[36] 曾新. 论主体性教育中的主体间性 [J]. 华中师范大学学报（人文社会科学版），2001（5）：134-139.

[37] 王树人. 关于主体、主体性与主体间性的思考 [J]. 江苏行政学院学报，2002（2）：5-8.

[38] 檀传宝. 对德育主体及其作用的几点认识 [J]. 湖南师范大学教育科学学报，2002（2）：5-8+25.

[39] 骆郁廷. 论思想政治教育主体、客体及其相互关系 [J]. 思想理论教育导刊，2002（4）：34-38+48.

[40] 尹艳秋，叶绪江. 主体间性教育对个人主体性教育的超越 [J]. 教育研究，2003（2）：75-78.

[41] 李三福. 论后现代主义的大学德育意义 [J]. 江苏高教，2003（4）：47-50.

[42] 王寅. 体验哲学：一种新的哲学理论 [J]. 哲学动态，2003（7）：24-30.

[43] 杜志强. 论主体间性课程的建构 [J]. 教育探索，2004（1）：26-28.

[44] 岳伟，王坤庆. 主体间性：当代主体教育的价值追求 [J]. 华东师范大学学报（教育科学版），2004（2）：1-6+36.

[45] 冯向东. 从"主体间性"看教学活动的要素关系 [J]. 高等教育研究，2004（5）：25-30.

[46] 袁文艺. 试论思想政治教育中教育者与教育对象的交往关系 [J]. 求实，2006（4）：74-75.

[47] 冯建军. 主体间性与和谐社会的道德意识 [J]. 教育发展研究，2006（7）：50-53.

[48] 李杰. 主体间性视阈中的道德教育范式 [J]. 教育探索，2006（10）：93-94.

［49］张耀灿，刘伟. 思想政治教育主体间性涵义初探［J］. 学校党建与思想教育，2006（12）：8-10+34.

［50］宋义明. 思想政治教育的主体间性转向问题研究［J］. 理论与改革，2007（1）：137-141.

［51］祖嘉合. 对思想政治教育主体及其特性的思考［J］. 教学与研究，2007（3）：29-34.

［52］胡军良. 思想政治教育的范式转换［J］. 教育评论，2007（4）：46-50.

［53］王升臻. 对主体间性思想政治教育的质疑［J］. 理论探讨，2007（8）：566-568.

［54］闫艳. 论思想政治教育主体间性的内涵及其确立的意义［J］. 学校党建与思想教育，2007（10）：25-27+48.

［55］胡忠玲. 多元文化背景下大学生价值观教育［J］. 当代青年研究，2008（1）：40-47.

［56］杨芳. 论主体间性理论在思想政治教育中的作用［J］. 湖北社会科学，2008（2）：187-189.

［57］杨红英. 走向主体间性：和谐社会视域中的高校思想政治教育［J］. 学术论坛，2008（3）：193-196.

［58］赵贵臣. 主体间性思想政治教育的哲学分析［J］. 黑龙江高教研究，2008（6）：95-97.

［59］李宪伦，朱小翠，章兵. 论思想政治教育的话语逻辑、话语功能与哲学思维［J］. 思想教育研究，2009（2）：10-13.

［60］邵庆祥. 论主体间性理论视阈下思想政治教育的转型［J］. 中国青年研究，2009（3）：96-99.

［61］马万宾. 论主体间性思想政治教育的现代建构［J］. 理论导刊，2009（6）：67-68.

[62] 马万宾. 主体间性思想政治教育的提出及其意义 [J]. 黑龙江高教研究, 2009 (10): 152-154.

[63] 吴岳军. 论主体间性视角下的师生关系及其教师角色 [J]. 教师教育研究, 2010 (2): 40-43.

[64] 杨永明. 对思想政治教育的客体及客体性的再认识 [J]. 教育探索, 2010 (3): 140-141.

[65] 胡恒钊. 西方思想政治教育方法特点及其借鉴意义 [J]. 学术论坛, 2010 (5): 71-74.

[66] 龚涛, 徐建军. 新媒体与主体间性大学生思想政治教育 [J]. 社会科学家, 2010 (11): 126-129.

[67] 周先进. 主体间性思想政治教育何以成为必然 [J]. 前沿, 2011 (1): 9-15.

[68] 赵华灵. 思想政治教育主体间性转向的理论探讨 [J]. 思想教育研究, 2011 (2): 23-26.

[69] 冯培. 实现马克思主义大众化的有效传播 [J]. 高校理论战线, 2011 (3): 13-15.

[70] 陈国庆. 主体间性对思想政治教育理念的更新及实践应用 [J]. 思想教育研究, 2011 (8): 12-15.

[71] 冯培. 新媒体时代大学生思想政治教育工作的变革 [J]. 北京教育（德育）, 2011 (9): 15-18.

[72] 鲁俊海, 闫瑜. 论主体间性视阈下的思想政治教育主体作用的发挥 [J]. 湖南社会科学, 2012 (4): 65-67.

[73] 覃小林. 思想政治教育主体间性的生成 [J]. 中国青年政治学院学报, 2012 (5): 77-80.

[74] 骆郁廷, 魏强. 论大学生思想政治教育的网络文化话语权 [J]. 教学与研究, 2012 (10): 74-81.

[75] 韩军芳. 对实现主体间性思想政治教育的思考 [J]. 前沿, 2012 (16): 45-46.

[76] 闫艳. 交往视域下思想政治教育原则新探 [J]. 求实, 2013 (1): 84-86.

[77] 侯旭. 思想政治教育中的交往话语权 [J]. 学海, 2013 (2): 172-175.

[78] 杜鹏. 思想政治教育视阈中的高校辅导员话语研究 [J]. 学校党建与思想政治教育, 2013 (3): 68-70.

[79] 冯培. 感受性与教育性: 移动互联时代高校思想政治教育建构的两个问题 [J]. 思想教育研究, 2013 (8): 11-13.

[80] 吴琼. 思想政治教育话语结构及其功能 [J]. 思想理论教育, 2014 (7): 55-59.

[81] 刘增明. 论党在网络思想政治教育工作中的话语权掌控 [J]. 理论探讨, 2014 (3): 131-133.

[82] 龙溪虎, 王诚德. 从"独白"走向"对话": 当代道德主体话语的范式转换 [J]. 江西社会科学, 2015 (2): 34-39.

[83] 曾爱华. 从主体性走向交互主体性——论思想政治教育的实践转向与复归 [J]. 中国青年社会科学, 2015 (2): 91-95.

[84] 杨克平, 李齐. 基于马克思交往实践观的主体间性思想政治教育 [J]. 中南民族大学学报 (人文社会科学版), 2015 (3): 174-178.

[85] 易小兵. 高校思想政治理论课"交往式教学范式"研究 [J]. 教育评论, 2015 (4): 56-58.

[86] 张耀灿, 卢爱新. 论思想政治教育者的教育魅力 [J]. 学校党建与思想教育, 2015 (9): 32-34.

[87] 李晓辉, 王汝娜. 系统论视域下的高校意识形态安全研究

[J]．系统科学学报，2016（3）：111-115．

[88] 邱燕茹，冯博．高校校园媒体融合发展路径的思考[J]．北京教育（高教），2016（4）：14-15．

[89] 闵清．卢曼社会系统论对构建高校思想政治教育传播体系的启示[J]．学校党建与思想教育，2016（5）：93-95．

[90] 顾保国．论青年人的担当与社会认知[J]．中国青年社会科学，2016（3）：27-34．

[91] 王颖，杨转珍，侯广斌．新媒体语境下增强高校思想政治教育话语权问题探析[J]．理论导刊，2016（12）：101-104．

[92] 刘新庚，唐励．大数据与大学生核心价值观培育的耦合与路径[J]．求索．2017（1）：81-85．

[93] 冯培．审时度势 借"式"化事提升思想政治教育的针对性与亲和力[J]．思想理论教育导刊，2017（1）：35-38．

[94] 郎琦，张金辉，贾巨才．基于系统论的高校思想政治理论课实践教学研究[J]．学校党建与思想教育，2017（4）：29-31．

[95] 张智．新形势下做好思想政治教育工作的科学思维[J]．中国高等教育，2017（5）：32-34．

[96] 邓希泉．习近平青年发展观研究[J]．中国青年研究，2017（6）：36-42．

[97] 侯广斌，王颖．主体间性视域下高校思想政治理论课教学范式研究[J]．北京教育（高教版），2017（7）：75-78．

[98] 张尚兵，余达淮．新形势下创新高校思想政治教育工作的若干维度[J]．江苏高教，2017（7）：82-84．

[99] 赵继伟．关于思想政治教育学科"主体间性"研究的反思[J]．学校党建与思想教育，2017（7）：17-21+24．

[100] 黄路生．构筑高校思想政治工作"协同体"[J]．中国共青

团，2017（9）：7-10.

[101] 王光彦. 充分发挥高校各门课程思想政治教育功能［J］. 中国大学教学，2017（10）：4-7.

[102] 董雅华. 论思想政治教育共同体的建构［J］. 思想理论教育，2017（11）：52-57.

[103] 骆郁廷. 论教育者先受教育的规律［J］. 思想理论教育，2017（12）：85-90.

[104] 倪邦文. 用党的十九大精神推动新时代青年工作新发展［J］. 中国青年社会科学，2018（1）：1-7.

[105] 骆清，刘新庚. 习近平青年教育思想的理论特色与现实践履［J］. 当代青年研究，2018（1）：12-16+22.

[106] 冯刚. 习近平关于大学生思想政治教育论述的理论蕴涵［J］. 重庆大学学报（社会科学版，2018（4）：170-180.

[107] 王永斌. 新时代高校思想政治工作的认识论和方法论——学习习近平新时代中国特色社会主义思想［J］. 思想政治教育研究，2018（4）：95-99.

[108] 高健，郑光耀，徐伟悦. 习近平青年工作思想略论［J］. 学校党建与思想教育，2018（10）：73-74+78.

[109] 李如占，张冬冬. 课程思政：各类课程与思想政治理论课协同育人的有效路径［J］. 高教论坛，2018（6）：14-16+26.

[110] 吴岩. 建设中国"金课"［J］. 中国大学教学，2018（12）：4-9.

[111] 王颖，侯广斌. 主体间性语境下高校思想政治教育创新研究［J］. 中国青年社会科学，2019（1）：83-89.

[112] 杨小磊，高微征. 高校思想政治工作中以文化人的系统解读［J］. 系统科学学报，2019（3）：41-45+67.

[113] 董雅华, 袁周南. 思想政治教育过程的主体间性及其"大数据"技术依托 [J]. 河海大学学报（哲学社会科学版）, 2019 (4)：1-6+105.

[114] 冯刚, 严帅. 新时代大学生思想政治教育工作质量评价的方法和路径 [J]. 国家教育行政学院学报, 2019 (5)：46-53.

[115] 袁翔, 吴敏. 高校思想政治教育"微"生态系统重构——基于实证的政策效能分析 [J]. 中国青年社会科学, 2019 (5)：31-38.

[116] 习近平. 加快推动媒体融合发展 构建全媒体传播格局 [J]. 前线, 2019 (4)：4-7.

[117] 沈壮海, 李佳俊. 论新时代高校思想政治工作体系的构建 [J]. 思想理论教育, 2019 (12)：11-16.

[118] 安钰峰. 加强新时代高校思想政治工作体系建设的思考 [J]. 中国高等教育, 2019 (12)：31-33.

[119] 李齐. 主体间性思想政治教育的哲学反思——以马克思与哈贝马斯的比较为视角 [J]. 学校党建与思想教育, 2019 (15)：49-51+78.

[120] 孙其昂, 张建晓. 基于新理论框架的思想政治教育系统建构 [J]. 河海大学学报（哲学社会科学版）, 2020 (1)：22-27+105-106.

[121] 成媛, 张鲲. 论思想政治教育工作的整体性 [J]. 中央民族大学学报（哲学社会科学版）, 2020 (1)：37-42.

[122] 熊钰. 增强网络思想政治教育传播实效的四个维度 [J]. 思想政治教育研究, 2020 (4)：144-147.

[123] 李渝萱, 李才俊. 系统思维视角下构建高校"八维一体"思想政治教育综合性评价体系 [J]. 思想理论教育导刊, 2020 (8)：130-134.

[124] 冯培. 构建同向同行、同频共振高校思想政治工作体系的着

力点[J].思想理论教育,2020(9):22-26.

[125]冯刚,王莹.习近平总书记关于时代新人重要论述的基本内涵与时代特征[J].湖南大学学报(社会科学版),2021(1):1-7.

[126]邓志强."时代新人"的科学内涵、主要特征与培育路径——基于共青团工作视角[J].中国青年社会科学,2021(1):40-47.

[127]王嘉毅,封清云.坚持系统观念:"十四五"教育发展的重要实践遵循[J].国家教育行政学院学报,2021(2):3-9.

[128]王乐乐,顾友仁.习近平关于青年思想政治教育工作重要论述的创新性及其历史贡献[J].湖北社会科学,2021(3):154-160.

[129]张夏蕊.新时代教育的系统哲学解读[J].系统科学学报,2021(4):6-11+33.

[130]李申申,常顺利.儒家道德教育具身性的当代阐释[J].北京师范大学学报(社会科学版),2021(4):82-93.

[131]贾兆帅.数字化时代分享思想政治教育模式探析[J].思想教育研究,2021(9):42-47.

[132]汤志华,王立刚.习近平关于教育重要论述的时代意蕴[J].理论视野,2021(10):40-45.

[133]唐登蕓.网络思想政治教育的整体性回溯与系统性创新[J].思想理论教育,2022(2):84-89.

[134]赵建超.元宇宙重塑网络思想政治教育论析[J].思想理论教育,2022(2):90-95.

[135]张改凤,朱浩.新时代思想政治教育话语创新的系统审视[J].系统科学学报,2022(4):73-77.